Rainer Sprengel
Thomas Ebermann

Statistiken zum
deutschen Stiftungswesen
2007

Maecenata Schriften Bd. 1

Rainer Sprengel, Thomas Ebermann

Statistiken zum deutschen Stiftungswesen 2007

mit einem Beitrag von Karin Fleschutz

 Lucius & Lucius · Stuttgart · 2007

Bibliografische Information der Deutschen Nationalbibliothek

Die Deutsche Nationalbibliothek verzeichnet diese Publikation in der
Deutschen Nationalbibliografie; detaillierte bibliografische Daten sind im Internet über
http://dnb.d-nb.de abrufbar

ISBN 978-3-8282-0422-5

© Lucius & Lucius Verlagsgesellschaft mbH Stuttgart 2007
Gerokstraße 51 · D-70184 Stuttgart
www.luciusverlag.com

Satz: Sibylle Egger, Stuttgart
Umschlaggestaltung: I. Devaux, Stuttgart
Druck und Bindung: Rosch-Buch, Scheßlitz

Inhalt

Inhalt

Abkürzungsverzeichnis

BDS	Bundesverband Deutscher Stiftungen e.V., Berlin
BDS Statistik 2007	*StiftungsReport 2007*/Bundesverband Deutscher Stiftungen (Hg.), Berlin: Verlag Deutscher Stiftungen, 2007, ISBN 3-927645-88-5, 192 S.
BDS Statistik 2005	*Zahlen, Daten, Fakten zum deutschen Stiftungswesen*/Susan Schimroszik, Ulrich F. Brömmling, Dagmar Löttgen [Redaktionelle Mitarbeit]; Gunda Sauerbrey [Projektleitung und Statistik], Bundesverband Deutscher Stiftungen e.V. [Hrsg.], 2. Aufl. <1. Aufl. 2005>, Darmstadt : Hoppenstedt, 2001, 55 S.
BDS Statistik 2000	*Zahlen, Daten, Fakten zum deutschen Stiftungswesen*/Susan Schimroszik, Ulrich F. Brömmling, Dagmar Löttgen [Redaktionelle Mitarbeit]; Gunda Sauerbrey [Projektleitung und Statistik], Bundesverband Deutscher Stiftungen e.V. [Hrsg.], 2. Aufl. <1. Aufl. 2000>, Darmstadt : Hoppenstedt, 2001, 55 S.
MI	Maecenata Institut für Philanthropie und Zivilgesellschaft an der Humboldt-Universität zu Berlin <früher Maecenata Institut für Dritter-Sektor-Forschung>, Berlin
MI Statistik 2001	*Statistiken zum deutschen Stiftungswesen 2001: ein Forschungsbericht*/Rainer Sprengel, Berlin: Maecenata Verlag, 2001. - 115 S. *(Arbeitshefte des Maecenata-Instituts für Dritter-Sektor-Forschung ; <5>)* ISBN 3-933221-20-X
MI Statistik 1998	*Statistiken zum deutschen Stiftungswesen 1998*/Elisabeth Brummer; Silvia Ruprecht [Hrsg.], 2. Aufl., München: Maecenata Verlag, 1998. - 46 S. *(Arbeitshefte des Maecenata-Instituts für Dritter-Sektor-Forschung ; <2>)* ISBN 3-933221-03-X
MM	Maecenata Management, München
MM Statistik 1996	*Statistiken zum deutschen Stiftungswesen 1996*/Elisabeth Brummer [Hrsg.], 1. Aufl., München: Maecenata Verlag, 1996, 35 S., *(Reihe VARIA)* ISBN 3-9805397-1-7

1 Einleitung

Bis Ende der 1980er Jahre war das deutsche Stiftungswesen in statistischer Hinsicht eine *black box*. Damit das Stiftungswesen transparenter werde, beauftragte der Bundesverband Deutscher Stiftungen (BDS) Ende der 80er Jahre die Maecenata Management GmbH (MM) mit der Erstellung eines Verzeichnisses deutscher Stiftungen. Als Ergebnis dieser Zusammenarbeit wurde 1991 das erste „Verzeichnis Deutscher Stiftungen" vorgelegt. Rolf Hauer, der damalige Ehrenvorsitzende des BDS, schrieb in der Einleitung: „Der Bundesverband hat sich zusammen mit der Maecenata Management GmbH bemüht, unter Ausnutzung aller nur denkbaren Quellen möglichst alle Stiftungen und stiftungsähnlichen Einrichtungen zu erfassen".[1] Hierzu wurde unter anderem ein ausführlicher Fragebogen an alle recherchierten Stiftungen versandt. Als Nebenprodukt dieser Erarbeitung des ersten Verzeichnisses entstand eine Datenbank deutscher Stiftungen, die sich ab dieser Zeit sowohl im Besitz des BDS als auch der MM befand.

Die entsprechende Arbeit des BDS blieb fokussiert auf die Erstellung eines Verzeichnisses Deutscher Stiftungen in einem Erscheinungsrhythmus von drei Jahren. Zwischen dem Verzeichnis 2000 und dem Folgeverzeichnis lagen dann allerdings fünf Jahre. Neben dem Direktkontakt zu Stiftungen stellen staatliche wie kirchliche Aufsichtsbehörden sowie Verwaltungsgesellschaften bei dieser Arbeit die Hauptquellen dar, besonders im Rahmen von Befragungen. In den Jahren 1994, 1997, 2000 und 2005 erschienen jeweils neue und stetig erweiterte Verzeichnisse.[2] Beruhten die Verzeichnisse 1994 und 1997 im Wesentlichen auf pflegenden Fortschreibungen der Datenbank, so standen hinter den Verzeichnissen 2000 und 2005 neue Stiftungsbefragungen mit einem langen Fragebogen. Während sich der BDS bei seinen Verzeichnissen aus den Jahren 1991, 1994 und 1997 damit begnügt hatte, einen sehr knappen statistischen Vorspann voranzustellen, der nicht mehr als einige Grunddaten versammelte, legte er auf der Grundlage der kostenintensiven Befragung 2000 erstmals einen ausführlichen Statistikteil vor. Dieser kann auch unabhängig vom Verzeichnis Deutscher Stiftungen bezogen werden.[3]

Für die seitdem erschienenen Statistiken des BDS bedeutete das Jahr 2000 eine Zäsur: Zentrale Erfassungskriterien, z. B. im Bereich der Kategorisierung von verfolgten Stiftungszwecken, wurden auf eine veränderte Grundlage gestellt. Dies führte dazu,

---

1 Verzeichnis der Deutschen Stiftungen 1991/Bundesverband Deutscher Stiftungen e.V. [Hrsg.], Darmstadt: Hoppenstedt, 1991, S. XIV.
2 Verzeichnis der Deutschen Stiftungen 1994/Bundesverband Deutscher Stiftungen e.V. [Hrsg.], Darmstadt: Hoppenstedt, 1994; Verzeichnis der Deutschen Stiftungen 1997/Bundesverband Deutscher Stiftungen e.V. [Hrsg.], Darmstadt: Hoppenstedt, 1997; Verzeichnis Deutscher Stiftungen 2000/Bundesverband Deutscher Stiftungen e.V. [Hrsg.], Darmstadt: Hoppenstedt, 2000; Verzeichnis Deutscher Stiftungen 2005/Bundesverband Deutscher Stiftungen e.V. [Hrsg.], Berlin: Berliner Wissenschaftsverlag, 2005.
3 Zahlen, Daten, Fakten zum deutschen Stiftungswesen/Susan Schimroszik, Ulrich F. Brömmling, Dagmar Löttgen [Redaktionelle Mitarbeit]; Gunda Sauerbrey [Projektleitung und Statistik], Bundesverband Deutscher Stiftungen e.V. [Hrsg.], 2. Aufl. <1. Aufl. 2000>, Darmstadt: Hoppenstedt, 2001.

dass der BDS ab 2000 mit einem qualitativ so veränderten Datenbestand arbeitete, dass ein Vergleich mit Werten, die aus den Beständen vor 2000 entstanden waren, in den meisten Feldern nicht mehr möglich war. Im Zuge dieser Umstellung war diese Folge nicht sofort allen Beteiligten bewusst, so dass es zu vereinzelten Fehlinterpretationen kam. Diese können mittlerweile als beseitigt angesehen werden, was mit Sicherheit auch dem Wirken von Frank Schmidtke zu verdanken ist, seitdem dieser die Verantwortung für den entsprechenden Bereich im BDS übernommen hat. Nach einer erneuten Stiftungsbefragung erschien 2005 das nächste Verzeichnis Deutscher Stiftungen, verbunden mit entsprechenden statistischen Auswertungen. Insgesamt haben dort statistische Auswertungen einen höheren eigenständigen Charakter gewonnen. Die jüngste einschlägige Publikation stammt aus dem Jahr 2007.[4] Ebenso werden regelmäßig Auszüge publiziert, besonders anlässlich der jährlichen Verbandstagungen. Der BDS verfügt damit über einen Datensatz, der eine interne Erfassungskohärenz über den Zeitraum der letzten sieben Jahre aufweist.

Im Unterschied zum BDS verfolgte die MM eine mehrteilige Strategie. Neben behördlichen Informationen wurden veröffentlichte Informationen jeglicher Art ausgewertet: vom Zeitungsausschnitt bis zum Jahresbericht, von der Stellenanzeige bis zum Briefbogen. Zeitweilig wurde dabei auf die Hilfe eines Zeitungsausschnittsdienstes zurückgegriffen, was sich auf Dauer allerdings weder finanz- noch personaltechnisch als machbar erwies. Ergänzt wurde diese Art der Pflege durch Dauerrecherche anhand einer Stiftungsbefragung Mitte der 90er Jahre, die durch eine Stiftung finanziert wurde; zudem durch 1994 und 1996 im Vorfeld der Erstellung des Maecenata Stiftungsführers durchgeführte Befragungen.[5] Da der Maecenata Stiftungsführer aber nur einen Teilbereich des Stiftungswesens abdecken will, nämlich insbesondere fördernde Stiftungen, die für Projekte und Personen interessant sind, betrafen diese Befragungen auch immer nur einen Teil der Stiftungslandschaft in Deutschland. Aus der so gepflegten Datenbank wurde von Elisabeth Brummer 1996 die erste Statistik zum Deutschen Stiftungswesen vorgelegt (MM Statistik 1996).[6]

Als Ende 1997 das Maecenata Institut für Dritter-Sektor-Forschung (MI) gegründet wurde, übernahm dieses von der MM den gesamten Bereich der Dokumentation des deutschen Stiftungswesens, also Datenbank und Materialiensammlung. In der Aufbauphase des MI im Jahr 1998 wurden Elisabeth Brummer und Silvia Ruprecht beauftragt, neue Statistiken zum deutschen Stiftungswesen anzufertigen.[7] Diese wirkten

---

4   StiftungsReport 2007/Bundesverband Deutscher Stiftungen (Hrsg.), Verlag Deutscher Stiftungen, Berlin 2007.
5   Maecenata Stiftungsführer 1994: 1111 Förderstiftungen/Elisabeth Brummer [Bearb.], Maecenata Management [Hrsg.], 1.Aufl., München: Maecenata Verlag, 1994; Maecenata Stiftungsführer 1996/Elisabeth Brummer [Bearb.]; Dokumentationszentrum Deutsche Stiftungen (DDS) [Hrsg.], 2. neubearb. u. erw. Aufl., München: Maecenata Verlag, 1996.
6   Statistiken zum deutschen Stiftungswesen 1996/Elisabeth Brummer [Hrsg.], 1. Aufl., München: Maecenata Verlag, 1996, (Reihe VARIA).
7   Statistiken zum deutschen Stiftungswesen 1998/Elisabeth Brummer; Silvia Ruprecht [Hrsg.], 2. Aufl., München: Maecenata Verlag, 1998, (Arbeitshefte des Maecenata-Instituts für Dritter-Sektor-Forschung; <2>.

auch für die dann im Jahr 2000 vom BDS herausgegebenen Statistiken stilbildend. Zudem gab das MI den von Elisabeth Brummer bearbeiteten Maecenata Stiftungs-führer 1998 heraus.[8]

Seit 1998 wird die Datenbank von MI fortgeführt. Von 1998 bis 2004 lag diese in der Verantwortung des Autors, seitdem in derjenigen von Thomas Ebermann, der zuvor schon an der Weiterentwicklung und Pflege der Datenbank beteiligt war.

Der Datenbestand wurde seit 1998 kontinuierlich ausgebaut, u.a. durch Befragungen im Rahmen der Erstellung der Maecenata Stiftungsführer 2000 und 2005[9], und auch qualitativ verbessert. Die Zahl der erfassten Stiftungen stieg von 7.235 (Grundlage der Statistik Oktober 1996) über 7.780 (Statistik Februar 1998), 9.012 (Februar 2001) auf 12.370 (September 2006), welche die Datengrundlage für die vorliegende Statis-tik bilden. Von den 12.370 Datensätzen sind in den Jahren 2002 bis 2006 nicht nur 3.658 Datensätze neu angelegt, sondern insgesamt 6.874 (also 56 Prozent) mindes-tens einmal überarbeitet worden. In den gleichen Zeitraum fallen zudem operative Maßnahmen, wie die datenbanktechnische Umstellung der Stiftungsdatenbank, was es unter anderem erlaubte, die Datenbank kostenlos via Internet zur Verfügung zu stellen (www.maecenata.eu). Das sichert ebenso ein hohes Maß an externer Fehler-kontrolle wie die Tatsache, dass die Datenbank seit 1998 wiederholt als Grundlage für Forschungen externer Wissenschaftler sowie für eine Reihe von Untersuchungen des Maecenata Instituts zum Stiftungswesen genutzt wurde.

a) Stiftungsorientierte vs. Destinatärorientierte Statistik

Alle evozierten Statistiken gliedern das Zahlenmaterial stiftungsfokussiert auf, eben-so wie die vorliegende Statistik. Eine destinatärorientierte Statistik ist von der Anlage der Datenbank her nicht möglich.

Bei einer *stiftungsfokussierten Statistik* steht die große Stiftung mit 50 Millionen Euro Vermögen der kleinen Stiftung gegenüber, die vielleicht nur über 200.000 Euro Vermögen verfügt. Analog kann man Groß vs. Klein auch an Ausgaben festmachen. Die immer wieder gern publizierten Rankinglisten der zehn größten Stiftungen nach Vermögen oder nach Ausgaben sind die Spitze des bei diesem Verfahren entstehen-den Eisberges, bei dem es in Deutschland dann tatsächlich viele ,kleine' Stiftungen als Basis und einige wenige ganz große Stiftungen als herausragende Spitze gibt.

Eine *destinatärorientierte Statistik* würde das Feld ganz anders sortieren: Viele der jetzt als klein geltenden Stiftungen würden eine anderen Eindruck hinterlassen. Eine regional beschränkt tätige Stiftung in einer Kleinstadt hätte mit vielleicht 20.000 Ein-

---

8   Maecenata Stiftungsführer 1998/Elisabeth Brummer [Bearb.]; Maecenata Institut für Dritter-Sektor-Forschung [Hrsg.], 3. akt. u. erw. Aufl., München: Maecenata Verlag, 1998.
9   Maecenata Stiftungsführer 2000/Rainer Sprengel [Bearb.]; Maecenata Institut für Dritter-Sektor-For-schung [Hrsg.], 4. akt. u. erw. Aufl., Berlin: Maecenata Verlag, 2000; Maecenata-Stiftungsführer/[Red. Thomas Ebermann], Berlin: Maecenata Verlag, 2005.

wohnern seine maximale Destinatärgruppe. Sie würde bei einer Dotation mit 250.000 Euro daher pro Destinatär über eine Ausstattung von 12 Euro 50 verfügen – während eine national ausgerichtete Stiftung mit vergleichbarer Zwecksetzung bei 50 Millionen Euro Dotation zu einer Stiftung schrumpft, die pro möglichem Destinatär über eine Ausstattung von knappen 60 Cent verfügt. Die scheinbar kleine Stiftung ist in dieser Perspektive also ein Riese, die momentan als groß geltende Stiftung hingegen wird zum Zwerg!

Heißt das nun, dass die destinatärorientierte Statistik besser wäre? Nein, aber sie würde ein anderes Verständnis des Stiftungswesens hervorbringen als diejenige Statistik, die in Deutschland in den letzten 20 Jahren ausschließlich dominiert, nämlich die stiftungsorientierte Statistik. Letztere ist in dem Sinne rechtskonform, als Destinatäre im deutschen Stiftungsrecht keine wesentliche Funktion haben. Das deutsche Stiftungsrecht kümmert sich im Unterschied zu den USA insbesondere nicht um die Frage, ob ein Optimum der Zweckerfüllung erreicht wird, sondern zunächst einmal um den Selbsterhalt der Stiftung. Insofern macht auch die stiftungsorientierte Statistik Sinn. Darüber hinaus ist sie Ausdruck einer historischen Phase in den 1980er Jahren, in der es vornehmlich darum ging, den Platz des Stiftungswesens in der Gesellschaft zu festigen und auszubauen. In dem Maße jedoch, wie die Frage drängend wird, was denn die Stiftungen tatsächlich in und für die Gesellschaft leisten, wird es zunehmend wünschenswert, die Recheneinheit Stiftung durch andere Bezugsgrößen zu ergänzen.

Für den Aufbau einer entsprechenden Statistik wäre ein erheblicher Aufwand zu leisten, wobei zur Zeit nicht absehbar ist, woher dafür Mittel kommen sollten. Stiftungsfokussierte Statistiken können nicht vermeiden, ihrem Gegenstand ein Stück weit eine überhöhte Bedeutung zuzuweisen, so als ob die Stiftung an sich einer Betrachtung Wert wäre. Das ist sie aber nicht. Sie ist, zumindest in ihrer gemeinnützigen Form, interessant als ein Instrument für Ideen zur Erreichung philanthropischer Ziele.

b Statistiken zum deutschen Stiftungswesen 2001 und 2007

Die Statistiken zum deutschen Stiftungswesen 2001 stellten in der Art der Darstellung einen Bruch mit den bis dahin von MM, MI und BDS vorgelegten Publikationen von Zahlenmaterial zum Stiftungswesen aus ihren Datenbanken dar. Diese waren ausgesprochen bildlastig, d.h. nur mit rudimentären Erläuterungen versehen, die sich häufig auf die Beschriftung der Grafiken beschränkten. Dabei waren den bis dahin erschienenen Zahlen, die viel Richtiges kommunizierten, zwei Fehlertypen zu Eigen.

Der erste Fehlertyp bestand in sachlichen Fehlern: Den verfügbaren Zahlen wurden Interpretationen zugeordnet, die von diesen gar nicht gedeckt sein konnten. Der zweite Fehlertyp lag nicht auf der Ebene des Dargestellten, sondern folgte aus der Art der Darstellung, die Missverständnisse geradezu provozierte. In der öffentlichen Rezeption einzelner Präsentationsformen hatte sich gezeigt, dass Zahlen, die an sich richtig waren, von Dritten konsequent falsch wahrgenommen wurden. Die Leichtig-keit, mit der man im heutigen Zeitalter Grafiken erstellen kann, verführte dazu, auch da auf sprachliche Erklärungen zu verzichten, wo diese auf jeden Fall notwendig gewesen wären.

Die Statistiken 2001 vollzogen deshalb bewusst eine Absage an das Prinzip unkom-mentierter Grafiken – daran wird auch in dieser Publikation festgehalten, in der die Grafiken in einen argumentativ-analytischen Text eingebettet sind und von Lesehil-fen begleitet werden. Die Fehleridentifikation diente in MI Statistik 2001 zunächst dazu, jene Bereiche zu identifizieren, in denen Vergleiche bis 1996 möglich waren. Dieser Vergleichshorizont wird in dieser Publikation fortgeschrieben. Gleichzeitig wurden 2001 Fehler des bis dahin publizierten Materials benannt und erläutert. Vieles davon ist mittlerweile überflüssig und konnte gestrichen werden.

Stattdessen kann an der ein oder anderen Stelle auf weiterführende Forschungen Dritter oder des Maecenata Instituts hingewiesen werden, die in den letzten sechs Jahren publiziert wurden. Tatsächlich gehört es zu den Fortschritten der letzten Jahre, dass ein disziplinübergreifender Diskurs über Stiftungen in Deutschland erheblich zugenomnen hat. Dazu hat ohne Zweifel auch das politische Interesse am Stiftungs-wesen beigetragen, wie es sich seit 1997 verstärkt äußerte. Buchprojekte, wie das ,Handbuch Stiftungen' der Bertelsmann Stiftung (2003)[10] oder ,Stiftungen in Theorie, Recht und Praxis: Handbuch für ein modernes Stiftungswesen' (2005)[11] belegen und dokumentieren die Reichweite dieses disziplinübergreifenden Diskurses. Ein Über-blick über diese sozialwissenschaftliche Forschung der letzten zehn Jahre, zu der em-pirisch-sozialwissenschaftliche Arbeiten aus dem Maecenata Institut beigetragen[12] haben, kann hier nicht gegeben werden.

Die folgenden Statistiken beruhen in der Regel unmittelbar auf dem Datenbestand des MI; Stichtag 1. September 2006. Wo es sinnvoll erschien, werden veröffentlichte Daten des BDS oder Ergebnisse anderer Forschungen mit herangezogen.

10   Handbuch Stiftungen. Ziele, Projekte, Management, Rechtliche Gestaltung,/Bertelsmann Stiftung (Hrsg.), 2. vollst. überarb. Aufl., Wiesbaden 2003.
11   Stiftungen in Theorie, Recht und Praxis: Handbuch für ein modernes Stiftungswesen/Florian Mercker und Rupert Graf Strachwitz (Hrsg.), Berlin: Duncker & Humblot, 2005.
12   Stipendien deutscher Stiftungen: eine empirische Untersuchung/Susanne Rindt; Rainer Sprengel, Ber-lin: Maecenata Institut für Dritter-Sektor-Forschung, 2000, (Opusculum; Juli 2000); ebenso in: Mae-cenata Stipendienführer 2000/Victoria Strachwitz [Mitarb.]; Susanne Rindt, Rainer Sprengel [Bearb.], Maecenata Institut für Dritter-Sektor-Forschung [Hrsg.], 1. Aufl., Berlin: Maecenata Verlag, 2000, S. 233–260; Untersuchungen zum deutschen Stiftungswesen 2000–2002/Frank Adloff (Hrsg.), Berlin: Maecenata Verlag, 2002; Vision and Roles of Foundations In Europe: The German Report /Frank Ad-loff, Philipp Schwertmann, Rainer Sprengel Rupert Graf Strachwitz, Berlin: Maecenata Verlag, 2004; Von Bürgern für Bürger? Bürgerstiftungen in Deutschlands Zivilgesellschaft/Philipp Hoelscher, Eva-Maria Hinterhuber, Berlin: Maecenata Verlag, 2005.

2 Erfassungsstand

Grunddaten der Datenbank (tabellarisch)

Die folgenden Werte geben im Überblick einen vergleichenden Eindruck. Sie tun dies anhand einiger Kategorien zwischen dem Erfassungsstand, der den statistischen Auswertungen in MI Statistik 1998 und 2001 zugrunde lag, und dem Datenbestand, auf dem die jetzige Auswertung beruht. Wohlgemerkt handelt es sich bei diesen Zahlen um Erfassungsfortschritte. Man kann und darf sie nicht einfach für Fortschritte der Sache selbst nehmen. Erfassungs- und Pflegeprozesse haben eigene Gesetzmäßigkeiten. Eine davon ist die der vorhandenen Personalkapazitäten, um rudimentäre Informationen durch Nachfassen auszugleichen. Auffällig ist die sprunghafte Zunahme in der Kategorie ‚Keine Angaben' im Vergleich zu den beschreibenden Kategorien. Ein Stück weit drückt sich hier auch der Erfolg des Stiftungswesens aus. Wie später zu sehen sein wird, verdoppelt sich dessen Umfang seit 30 Jahren alle zehn Jahre.

Erfassungsstand	MI 1998 (1. Februar 1998)	MI 2001 (1. April 2001)	MI 2006 (1. September 2006)
Stiftungen	7.878	9.012	12.370
Art der Tätigkeit			
Fördernd	4.214	4.880	5.708
Operativ	1.408	1.581	1.689
Fördernd und operativ	761	901	1.063
Keine Angaben	1.397	1.650	3.910
Wirtschaftliche Verhältnisse			
Angaben zum Vermögen	2.776	3.006	3.899
Angaben zu den Ausgaben	2.272	2.891	3.397
Stifter nach Gruppen			
Unternehmen	312	360	500
Öffentliche Körperschaften	574	745	990
Privatpersonen	2.995	3.556*	5.257*
Vereine	306	395	631
Sonstiges	230	214	270
Rechtsformen			
Rechtsfähige Stiftung des bürgerlichen Rechts	5.006	5.738	7.042
Rechtsfähige Stiftung öffentlichen Rechts	440	491	501
Nicht rechtsfähige Stiftung in privater Trägerschaft	263	333	417
Nicht rechtsfähige Stiftung in öffentlicher Trägerschaft	225	269	252
Nicht rechtsfähige Stiftung in kirchlicher Trägerschaft	26	27	26
Kirchliche Stiftung des privaten Rechts	167	242	260

Kirchliche Stiftung des öffentlichen Rechts	126	158	165
Stiftung e.V.	99	115	139
Stiftung (g)GmbH	73	81	83
Stiftung in anderer Rechtsform	24	36	32
Keine Angaben	1.301	1.522	3.454

Anzahl der erfassten Stiftungen in den Bundesländern

Bayern	1.781	2.110	2.709
Nordrhein-Westfalen	1.249	1.420	1.876
Baden-Württemberg	986	1.115	1.207
Niedersachsen	653	737	886
Hessen	594	664	810
Hamburg	549	613	618
Berlin	292	385	397
Schleswig-Holstein	241	257	285
Rheinland-Pfalz	195	236	340
Thüringen	184	200	209
Sachsen-Anhalt	114	134	148
Sachsen	83	105	120
Saarland	58	62	64
Brandenburg	58	65	72
Bremen	54	91	158
Mecklenburg-Vorpommern	38	46	49
Keine Angaben	651	782	2.418

* Anmerkung: Nur aus Vergleichszwecken zu 1998 ist der Wert Privatperson an dieser Stelle als Summe von Stiftern und Stifterinnen angegeben. Diesem Wert 5.257 entspricht der Wert 4.485 Stiftungs, da in einer Reihe von Fällen Mann und Frau zusammen als Stifter auftreten. Das Thema Stifter und Stifterin wird später ausführlich behandelt.

Grafik 2.1: Erfassungsstand

3 Stifter und Stiftungswesen

Aktuell liegen von 6.488 Stiftungen (52,5 Prozent aller erfassten Stiftungen) Angaben zu den Stiftern vor, die es erlauben, diese entsprechend nach Typen zu kategorisieren. Als Typen sind vorgesehen: Öffentliche Körperschaft, Wirtschaftsunternehmen, Verein/Verband, Mann, Frau und Sonstige Körperschaft. Hierbei handelt es sich um logische Zuordnungen, d. h. es wird lediglich indexiert, ob ein Stiftertypus bei der Gründung einer Stiftung überhaupt auftritt oder nicht. Es interessiert hingegen nicht, ob bei einer Stiftung innerhalb einer Kategorie mehrere Stifter auftreten. Wenn drei öffentliche Körperschaften zusammen eine Stiftung gründen, so ergibt das lediglich einen einzigen Eintrag in der Rubrik ‚Öffentliche Körperschaft' als Stifter. Treten hingegen ein Verein und eine öffentliche Körperschaft als Stifter auf, so gibt dies bei dieser Stiftung einen Eintrag unter ‚Verein' sowie einen Eintrag unter ‚Öffentliche Körperschaft'. Auf diese Weise liegen bei den 6.488 Stiftungen mit Angaben zu Stiftern 7.648 Einträge zu den Stiftertypen vor.

Seit der Ausgabe MM Statistik 1996 wurde diese Kategorie ausgewertet, was einen Mehrjahresvergleich ermöglicht. Bei den Auswertungen 1996 und 1998 wurden die Zahlen für Mann und Frau als Stifter zum Begriff Individualstifter addiert. Dies wird in diesem Kapitel beibehalten, eine geschlechterspezifische Auswertung wird ausführlich weiter unten im Abschnitt ‚Geschlecht und Stiftungswesen' vorgenommen.

Als nachteilig erweist es sich, dass in den Auswertungen 1996 und 1998 die Zahlen für die Stiftertypen nicht auf die Einheit Stiftung zurückbezogen wurden – dies wäre, da ja das Mehrfachvorkommen eines Stiftertypus' bei einer Stiftung gar nicht berücksichtigt wird, eigentlich zwingend gewesen. Stattdessen wurde teils mit absoluten Zahlen von Stiftertypen, teils mit der künstlichen Gesamtmenge aller logischen Stifterfälle operiert. Streng betrachtet hat man es mit verzerrten Zahlen zu tun, ohne zu wissen, ob die Optik gleichmäßig oder ungleichmäßig verzerrt ist. Insofern kann man diese Zahlen lediglich als unscharfe Annäherungen nehmen, die allerdings durch den Mehrjahresvergleich durchaus von Interesse sind.

Erfassungsstand	1996	1998	2001	2006
Unternehmen	247	312	360	500
Öff. Körperschaft	494	574	745	990
Verein/Verband	236	306	395	631
Privatperson	2.170	2.995	3.556	5.257
Sonstiges	168	230	214	270
Gesamt	3.315	4.417	5.270	7.648

Grafik 3.1: Erfassungsstand Stifter

Die in der Grafik 3.1 – im Vergleich der Erfassungsstände 1996 bis 2006 – präsentierten absoluten Werte lassen grundsätzlich ein Anwachsen der Zahlen erkennen, doch erst eine Umrechnung in Prozentangaben lässt Unterschiede hervortreten. Von

1996 zu 2006 ist in den Bereichen Privatperson und Verein/Verband eine relative Zunahme zu erkennen: Der relative Anteil ist für die Privatpersonen um 4,8 Prozent gegenüber 1996 (oder 3 Prozentpunkte) und für den Typus Verein/Verband um 13,7 Prozent (oder 1,1 Prozentpunkte) gestiegen. Gefallen sind hingegen die Anteile für die anderen Stiftertypen.

Dieser Befund macht Sinn, wenn man ihn vor dem Hintergrund der steuerrechtspolitischen Reformdiskussionen und durchgeführten Reformen betrachtet. Als im Jahr 2000 die Stiftungssteuerrechtsreform von der damaligen rot-grünen Bundesregierung eingebracht wurde, ging es dieser um eine Stärkung der Gemeinschafts- und Bürgerstiftung. Dieses in den USA sehr erfolgreiche Modell zeichnet sich durch den Zusammenschluss vieler Bürger im Rahmen einer Stiftung aus, was die Entstehung großer Stiftungen ohne einen einzelnen Großstifter möglich macht. Demokratisierung des Stiftungswesens und Partizipation an der Gesellschaft durch eine Bürgerstiftung waren die Leitlinien, mit denen die Grünen – namentlich MdB Antje Vollmer und ihr Referent Felix Ensslin – die (Bürger-)Stiftungen stärken wollten und die SPD überzeugten. Ins Steuerrecht umgesetzt wurde diese Zielvorstellung mit der Einführung eines zusätzlichen Sonderabzugs über damals 40.000 DM jährlich, wenn ein Bürger entsprechend Geld einer Stiftung zukommen ließ. Einspruch gegen diese Zielstellung kam im Bundesrat von unionsgeführten Ländern, die den Typus des ‚klassischen Einzelstifters' vergessen sahen. Im Resultat führte dies zu einem Kompromiss per Addition, indem noch ein weiterer Sonderabzug eingeführt wurde, nämlich die Möglichkeit, bis zu 600.000 DM zusätzlich abzuschreiben, wenn dieses Geld in die Errichtung einer neuen Stiftung floss. Insofern gab es im öffentlichen Diskurs eine Fokussierung auf individuelle Stifter. Es ist daher nicht erstaunlich, deren relativen Anteil in den Zahlen wachsen zu sehen.

Wie aber lässt sich die Zunahme der durch Vereine und Verbände errichteten Stiftungen plausibilisieren? Als Grund kann eine Nebenfolge der Stiftungssteuerrechtsreform genannt werden: Durch die Einführung *zusätzlicher* Abzugsmöglichkeiten für Geldgeber, wenn dieses Geld an eine gemeinnützige Stiftung (und nicht an einen Verein) ging, wurden alle Vereine und Verbände unter Druck gesetzt, die mehr oder weniger ambioniert Fundraising betrieben. Nicht zuletzt durch den jährlichen Zusatzbetrag soll das Stiftungswesen für Mittelschichten interessant werden, die über ein gutes Einkommen verfügen, ohne deshalb in der Regel als Einzelstifter auftreten zu können. Im Segment der höheren Angestellten, Freiberufler und Beamten, vom Lehrer über Ärzte und Anwälte bis zum mittleren oder gehobenen Management erstreckt sich hier eine für viele spendensammelnde Organisationen interessante Klientel. Entsprechend ist es sinnvoll, ein Stiftungs-Angebot zu haben, wenn es um Beträge geht, die aus dem normalen Spendenabzug herausführen.

Im Unterschied zu der Grafik 3.1 berücksichtigt die folgende Darstellung den rein logischen Charakter der Indexierung der Stiftertypen und ermittelt den jeweiligen Anteil an den gegründeten Stiftungen (vgl. Grafik 2). Da dies in den Statistiken vor

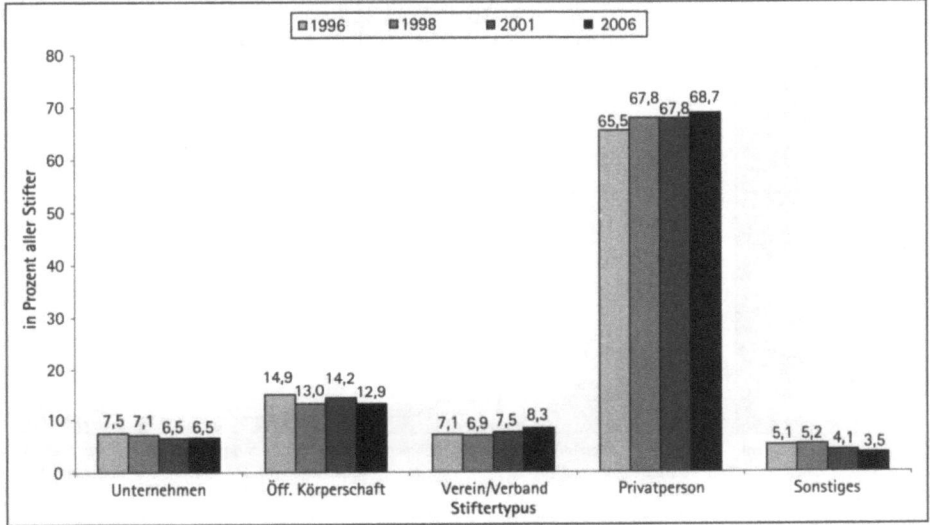

Grafik 3.2: Stiftertypen 1996–2006

2001 so nicht ausgewertet wurde, kann hier nur ein Vergleich mit MI Statistik 2001 erfolgen.

Die Auswertung (Grafik 3.3) zeigt, dass 2006 genau zwei Drittel aller Stiftungen, von denen die Stifter bekannt sind, von einer oder mehreren natürlichen Personen gegründet wurden, also etwas weniger als 2001. Die relative Erhöhung des Anteils der Privatstifter an allen Stiftern ist also nicht gleichbedeutend mit einem erhöhten Gewicht, wenn man den Anteil der von diesen errichteten Stiftungen betrachtet.

Für den Bereich der Öffentlichen Körperschaften und der Unternehmen bestätigt sich die relative Bedeutungsverringerung, für Vereine und Verbände der relative Bedeutungsgewinn (Anstieg von 6,56 Prozent auf 7,43 Prozent). Die Zuordnung von Stiftertypen und Stiftungen ermöglicht zugleich die Darstellung von Stiftungsgründungen, bei denen unterschiedliche Stiftertypen zusammenwirken. Unterschieden wird in der Grafik zwischen Stiftungen, bei denen Privatpersonen und Körperschaften zusammen stiften, und solchen Stiftungen, bei denen Körperschaften unterschiedlicher Natur gemeinsam auftreten, also etwa Wirtschaftsunternehmen und Öffentliche Hand oder Verein und Wirtschaftsunternehmen. Das kooperative Stiften hat relativ betrachtet jeweils deutlich zugenommen. Am stärksten fällt dadurch der relative Anstieg der kooperativen Stiftung durch Körperschaften unterschiedlicher Natur mit annähernd 1 Prozentpunkt aus (wegen des niedrigen Ausgangswertes handelt es sich um einen erheblichen Zuwachs von 51 Prozent).

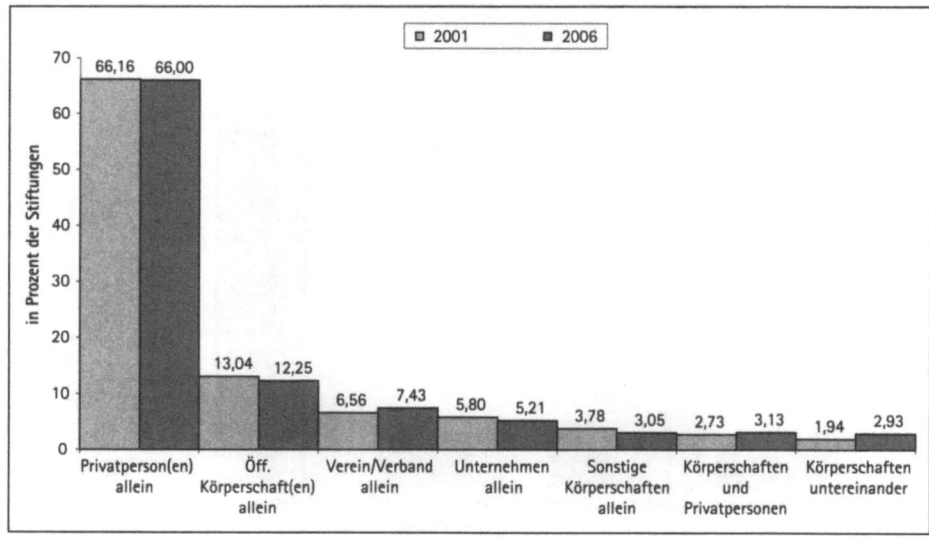

Grafik 3.3: Verteilung Stiftertypen
Prozentuale Verteilung Stiftertypus auf Stiftungen

Bei dieser Gesamtbetrachtung der Stiftertypen muss man jedoch bedenken, dass die Errichtungsjahre und damit auch die gesellschaftlich-politische Stellung der jeweiligen ‚Privatstifter' nicht berücksichtigt werden. Dadurch wird das Privative am stifterischen Handeln überbetont. Ein Bürger der Bundesrepublik, der eine Stiftung gründet, tritt damit aus seiner bürgerlich-privaten Rolle heraus und wird zivilgesellschaftlich tätig; wenn hingegen Könige, Grafen oder Bürgermeister bis 1919 eine Stiftung errichteten, so muss man häufig eher umgekehrt davon sprechen, dass sie als Ausfluss ihrer politisch-sozialen Stellung auch eine private Dimension verwirklichten, indem sie stifteten.

Macht man sich das klar, so erstaunt die Grafik 3.4 nicht mehr so sehr. Auf dieser geht es um die Frage, wie sich eigentlich seit Bestehen der Bundesrepublik das Verhältnis von natürlichen und körperschaftlichen Stiftern entwickelt hat. Dabei kann man drei Phasen unterscheiden. In den 1950er Jahren dominieren zunächst körperschaftliche Stifter, erst in der zweiten Hälfte der 50er Jahre gewinnen die Privatstifter knapp die Überhand. In den 1960er und 1970er Jahren ist die Dominanz der Privatstifter am größten, mit bis zu 71,5 Prozent Anteil bei den neu errichteten Stiftungen. Dabei ist allerdings zu bedenken, dass im Verlauf des Jahrzehnts zwischen 1970 und 1979 insgesamt so viele Stiftungen neu errichtet wurden, wie heute in einem einzigen Jahr.

Seit den 1980er Jahren schwankt der Anteil der von Körperschaften errichteten Stiftungen zwischen 35,0 Prozent und 37,6 Prozent. Bedeutsam ist diese Zahl für das Bild und das Verständnis des deutschen Stiftungswesens: Körperschaftliche Stifter stellen einen festen und relevanten Bestandteil des deutschen Stiftungswesens in den letzten 60 Jahren dar. An dieser Wirklichkeit des Stiftungswesens geht jede Stiftungsidee vorbei, welche die vom individuellen Privatstifter allein oder mit anderen Privatstiftern errichtete Stiftung zur richtigen und authentischen Stiftung verklärt. Statistisch betrachtet haben und behaupten Vereine, Verbände, Unternehmen und Öffentliche Hand beharrlich ihr Bürgerrecht im Stiftungswesen.

Dabei ist als erstaunliches Faktum festzuhalten, dass die – prozentual gesehen – relative Konstanz angesichts des dynamischen Wachstums des Stiftungssektors bedeutet, dass beide Seiten gleichermaßen zugelegt haben. Das lässt zumindest die Hypothese zu, dass ein Zusammenhang zwischen privater und körperschaftlicher Stiftertätigkeit im Sinne einer wechselseitigen positiven Verstärkung bestehen könnte.

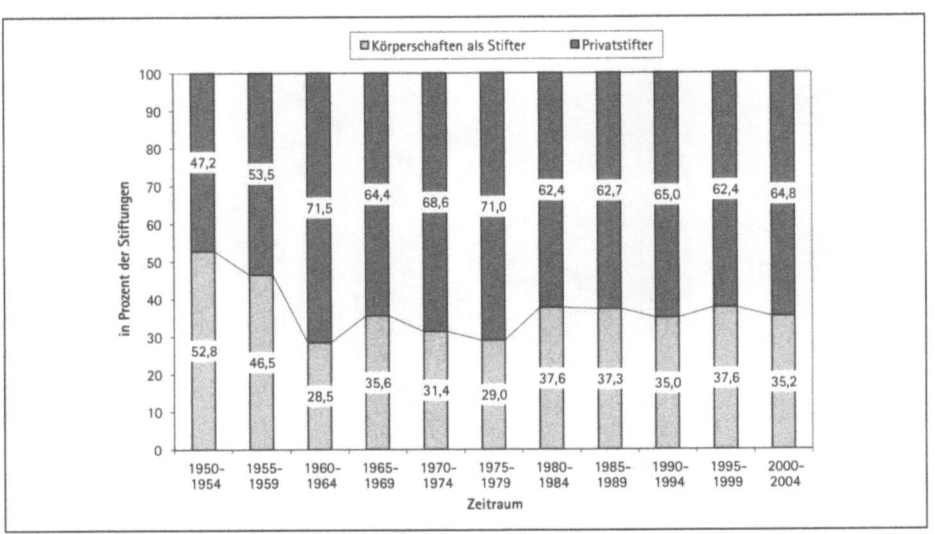

Grafik 3.4: Verhältnis von natürlichen und körperschaftlichen Stiftungen bei den seit 1950 errichteten Stiftungen

4 Geschlecht und Stiftungswesen

Geschlecht als eine sozial wirksame Kategorie kann das Stiftungswesen auf mehreren Ebenen betreffen:

- die *Gender*-Kategorie kann in *Stiftungszwecken* in Form positiver bzw. negativer Diskriminierung berücksichtigt sein,

- es kann geschlechtsspezifische Besonderheiten in der *Stiftertätigkeit* geben, sei es darin, was Frauen stiften, sei es darin, wie sie stiften usw.,

- in der *Stiftungspraxis* kann sich das Geschlecht bei der Zusammensetzung und Funktion professioneller Mitarbeiter oder der Stiftungsorgane bemerkbar machen, aber auch möglicherweise in der Kooperation mit anderen Institutionen.

Reflexionen auf geschlechtsspezifische Besonderheiten und Problemstellungen werden in den USA auch im philanthropischen Bereich seit einigen Jahrzehnten nicht bloß diskutiert, sondern in spezifische Formen von Stiftungspraxis umgesetzt. Nicht zuletzt über die wissenschaftliche wie praktische Tätigkeit einzelner Wissenschaftlerinnen bzw. Fundraiserinnen zeigen die dortigen Diskussionen mittlerweile auch in Deutschland Wirkung.[1]

Die Wirksamkeit von Geschlecht als soziale Kategorie ist nicht in jeder Hinsicht statistisch beschreibbar – und nicht alles, was quantitativer Beschreibung sinnvoller Weise zugänglich wäre, ist aufgrund der Struktur des vorliegenden Datenmaterials auch analysierbar. Tatsächlich lassen sich aus dem vorliegenden Datenmaterial einige verlässliche und interessante Aussagen über *Gender* und Stiftungswesen treffen.

Die erste Analyseebene setzt bei dem Geschlecht der Stifter an. Hierfür wird die Sammelkategorie der natürlichen Stifter in drei Gruppen aufgegliedert: Stiftungen, bei deren Errichtung Mann und Frau zugleich beteiligt sind; Stiftungen, bei denen als natürliche Stifter nur ein oder mehrere Männer und solche, bei denen nur eine oder mehrere Frauen beteiligt sind. Die maximale Ausgangsmenge <n'> für diese drei Kategorien ist:

n1 (=Mann und Frau): 753 Stiftungen (2001: 333 Stiftungen)

n2 (=nur Mann): 2716 Stiftungen (2001: 2327 Stiftungen)

n3 (=nur Frau): 835 Stiftungen (2001: 485 Stiftungen)

Je nach Kombinationskategorie (Errichtungsjahr, Zweck) verringern sich dann die Mengen n1, n2 und n3.

Die Grafik 4.1 veranschaulicht, dass das Stiftungswesen sowohl vor Gründung der Bundesrepublik Deutschland als auch seitdem eine unübersehbare, aber langsam

---

1 Manchmal fallen beide Aspekte auch in einer Person zusammen. Vgl. insbesondere die Arbeiten von: Marita Haibach, Frauenbewegung in der Philanthropie: Frauen verändern die Stiftungswelt in den USA, München: Maecenata Verlag, 1997; Dies.: Handbuch Fundraising: Spenden, Sponsoring, Stiftungen in der Praxis, erw. u. aktual. Aufl., Frankfurt am Main, New York: Campus, 2006 (Erstausgabe 1996, spätere 1997 und 2002).

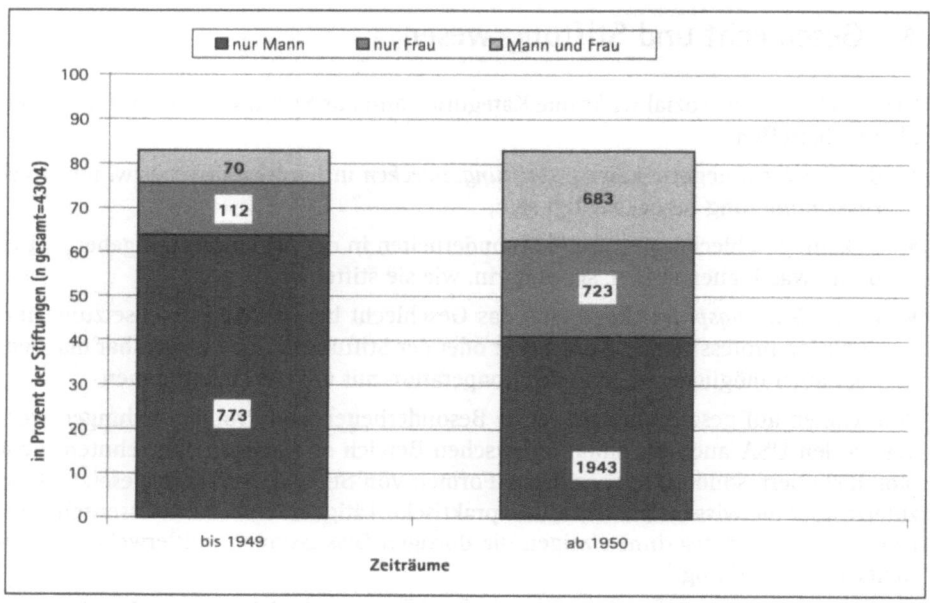

Grafik 4.1: Geschlecht, Stifterln und Zeitschichtung

schwindende Männerdominanz aufweist. Es wird deutlich, dass im Rahmen der jetzigen Republik bei Neugründungen ein erkennbarer Angleichungsprozess im Gange ist. Das deckt sich mit den Befunden in BDS Statistik 2007.[2] Bei den bis 1949 von natürlichen Personen errichteten Stiftungen, die heute noch existieren, beträgt der ausschließlich von Männern errichtete Anteil 81 Prozent, bei den in den letzten 50 Jahren errichteten Stiftungen nur noch 58 Prozent (in der Auswertung 2001 lag dieser Anteil noch bei 69,5 Prozent!). Der Anteil der allein von Frauen errichteten Stiftungen stieg von 11,7 Prozent auf 21,6 Prozent.

Korreliert man diese Dimension genauer mit dem Zeitfaktor, indem man 10-Jahres-Intervalle bildet, dann lässt sich die Dynamik des Prozesses klar erkennen und zur Aussage zuspitzen, dass das Stiftungswesen bei den Neugründungen kein Reservat patriarchaler Strukturen mehr ist. Stiften hat bei den Privatstiftern aufgehört, eine Männerdomäne zu sein. Ob dies auch für die Akteure gilt, die in Körperschaften als Antreiber und Initiatoren einer Stiftung, also als verdeckte Stifter, tätig sind, gibt das verfügbare Material leider nicht her. Angesichts der nach wie vor existenten männlichen Dominanz in Führungspositionen in Wirtschaft und Staat kann dort ein männliches Stifterreservat durchaus fortbestehen.

2 StiftungsReport 2007/Bundesverband Deutscher Stiftungen (Hg.), Berlin: Verlag Deutscher Stiftungen, 2007, S. 28f.

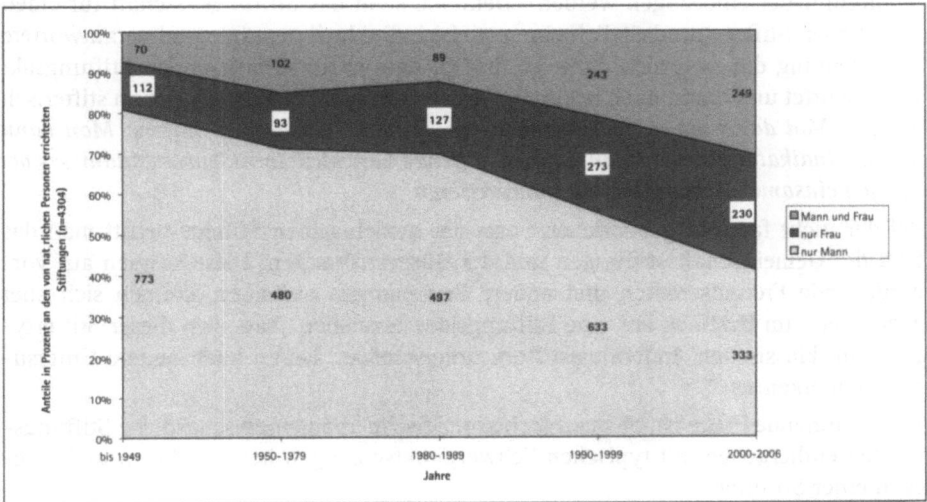

Grafik 4.2: Geschlecht und Stiften in Deutschland seit 1949

Immer deutlicher zeigt sich für den Bereich der Privatstifter bei der Feinauswertung noch ein anderes Faktum, auf das ich seit 2001 aufmerksam mache, nämlich der überproportional gestiegene Anteil von Stiftungen, bei deren Errichtung Männer und Frauen zusammenwirken. Das *gemeinsame* Stiften – ohne dass es sich deshalb um eine Bürgerstiftung im engen Sinn handelt – ist als dritte Größe neben die Entscheidung eines Einzelstifters getreten. Bei den existierenden Stiftungen, die von Privatstiftern vor 1949 errichtet wurden, macht diese Form 7 Prozent, bei den von Privatstiftern ab 1949 errichteten Stiftungen 20,4 Prozent aus! Reduziert man den Zeitausschnitt auf die letzten 15 Jahre, steigt der Wert auf 25,1 Prozent und bleibt so nur knapp unterhalb des Wertes der von Frauen allein errichteten Stiftungen zurück, der für diese 15 Jahre vereinigtes Deutschland 25,6 Prozent beträgt.

Zum gleichen Befund kommen die Auswertungen beim Bundesverband Deutscher Stiftungen in BDS Statistik 2007, die ebenso eine rasante Zunahme des stifterischen Engagements von Frauen und des gemeinsamen Stiftens zeigen, verbunden mit einer Tendenz zur Individualisierung und Diversifizierung der Stiftungszwecke.[3]

Für das gemeinsame Stiften lassen sich zwei Grundformen unterscheiden: die familiär gebundene und die familiär ungebundene Form.

Bei der familiär gebundenen Form stiften insbesondere Ehegatten zusammen, aber auch andere Familienmitglieder. Aus Stifterbefragungen ist bekannt, dass in die Errichtung einer Stiftung regelmäßig andere Familienmitglieder als Berater oder Gre-

---

3 Vgl. StiftungsReport 2007/Bundesverband Deutscher Stiftungen (Hg.), Berlin: Verlag Deutscher Stiftungen, 2007, S. 28f.

mienmitglieder einbezogen werden[4]. Dennoch stellt das Stiftungsgeschäft für einen natürlichen Stifter grundsätzlich eine zutiefst individuell geprägte und verantwortete Entscheidung dar, was sich darin ausdrückt, dass er als Einzelner den Stiftungsakt verantwortet und damit auch bekundet, dass er über *sein eigenes* Eigentum stifterisch verfügt. *Von daher ist es bedeutsam, wenn Ehepaare zusammen stiften. Man kann dies als Indikator eines in Wandlung begriffenen Geschlechterrollenverständnisses bei der gemeinsamen Lebensführung interpretieren.*

Bei der nicht familiär gebundenen Form des gemeinsamen Stiftens betritt man das Feld der Gemeinschaftsstiftungen und der Bürgerstiftungen. Diese können auf vorhergehende Freundschaften und andere Beziehungen aufbauen, können sich aber ebenso erst im Hinblick auf eine Stiftungsidee herstellen. Dass sich dieser Stiftertypus von ‚klassischen' Individualstiftern unterscheidet, lassen auch neuere Untersuchungen erkennen.[5]

Eine spannende Frage ist, ob geschlechtsspezifische und gemeinschaftliche Stiftungsformen einhergehen mit typischen Schwerpunktsetzungen bei den Zielen und Zwecken einer Stiftung.

Die nächste Grafik stellt dieses Verhältnis so dar, dass zunächst einmal erkennbar wird, dass es zwischen Zweckbereichen und Stiftertypen signifikante Abhängigkeiten gibt. Zusätzlich wurde hierbei zu den bisherigen Mengen n1, n2 und n3 die Menge n4 = 1.964 Stiftungen (2001: 1.250 Stiftungen) berücksichtigt. Diese wird gebildet aus denjenigen Stiftungen, die ohne Beteiligung natürlicher EinzelstifterInnen allein von Organisationen errichtet wurden. So machen solche allein von Institutionen errichtete Stiftungen im Zweckbereich Völkerverständigung fast 50 Prozent aller Stiftungen aus, während der Zweckbereich Religion zu mehr als 80 Prozent von Individualstiftern geprägt wird.

Die Grafik 4.3 „StifterInnen und Stiftungszwecke" versucht, innerhalb dieser Zweckbereiche geschlechtsspezifisch signifikante Besonderheiten abzubilden. Hierzu wird als Vergleichsmaßstab die Verteilung der Zwecke auf alle Stiftungen mit einbezogen. Die Prozentangaben beziehen sich jeweils auf das Verhältnis zwischen n' und Stiftungszweck. Übersetzt bedeutet das zum Beispiel bei der Reihe ‚Sozial': 51,1 Prozent aller Stiftungen verfolgen soziale Zwecke, 50,4 Prozent aller allein von Frauen errichteten Stiftungen verfolgen soziale Zwecke, 51,9 Prozent aller von Mann und Frau gemeinsam errichteten Stiftungen verfolgen soziale Zwecke, 47,9 Prozent aller allein von Männern errichteten Stiftungen verfolgen soziale Zwecke und schließlich tun dies noch 42,5 Prozent der von Körperschaften errichteten Stiftungen. Da bei Stiftungszwecken Mehrfachangaben möglich sind, übersteigen die Zahlen bei jeder Stiftergruppe addiert die 100 Prozent.

---

4 Vgl. z.B. Stiften in Deutschland. Die Ergebnisse der StifterStudie/Karsten Timmer, Gütersloh: Verlag Bertelsmann Stiftung, 2005.
5 Vgl. BDS Statistik 2007, Kapitel 4, Umfrage Bürgerstiftungen, S. 50-57. Auch wenn die dort dargestellte Umfrage als nicht repräsentativ bezeichnet wird, illustriert sie mit Zahlen Unterschiede, die bei nationalen wie internationalen Stiftertreffen mit Händen zu greifen sind.

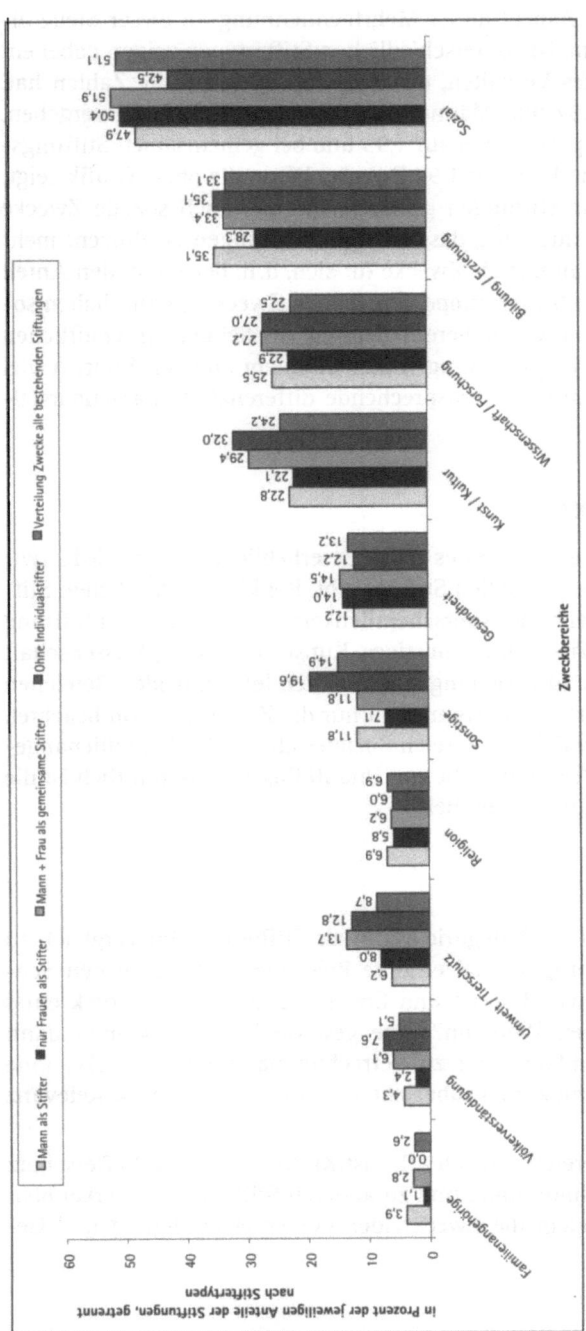

Grafik 4.3: Stifterinnen und Stiftungszwecke 2006

Für die Interpretation wird ein Aspekt dieser Mehrfachnennung an dieser Stelle allerdings besonders zum Problem. Die unterschiedlichen Stiftertypen zeigen dabei ein stark voneinander abweichendes Verhalten, das Auswirkungen auf die Zahlen hat. Während Frauen im Schnitt 1,62 und Männer 1,77 Zwecke pro Stiftung vergeben, steigen diese Werte bei den Körperschaften auf 1,95 und bei gemeinsamen Stiftungsunternehmungen von Mann und Frau auf 1,97 Zwecke. Wenn die obige Grafik zeigt, dass Männer und Frauen mehr Stiftungen gründen, die u.a. auch soziale Zwecke verfolgen, so drückt sich darin auch aus, dass sie ihren Stiftungen 20 Prozent mehr Zwecke verleihen. Betrachtet man nur die Zwecke für sich, d.h. berechnet den Anteil eines Zwecks an allen von einer Stiftergruppe vergebenen Zwecken, dann haben soziale Zwecke bei den Frauen eine viel höhere Bedeutung als bei gemeinschaftlichen Stiftern. Da diese Art der Zweckeberechnung früher in einem anderen Kontext viel Verwirrung gestiftet hat, wird auf eine entsprechende differenzierte Zahlendarstellung hier verzichtet.

a) Körperschaften als Stifter

Als erstes lohnt es sich festzuhalten, dass es teilweise erhebliche Unterschiede zwischen körperschaftlichen und individuellen Stiftern gibt. Bei körperschaftlichen Stiftern besteht die überproportional hohe Wahrscheinlichkeit, dass die Ziele der Stiftung Völkerverständigung, Umwelt/Tierschutz, Sonstiges, Kunst und Kultur, Wissenschaft und Forschung sowie Bildung und Erziehung sind. Bei den letzten beiden Bereichen relativiert sich dies allerdings erheblich, wenn man nur die Zweckerelation beachtet. Deutlich fällt dagegen auf jeden Fall der Bereich Soziales ab, das Feld Familienangehörige kommt verständlicher Weise gar nicht vor. Unauffällig durchschnittlich ist die Relevanz der Gebiete Religion und Gesundheit.

b) Mann als Stifter

Lediglich bei zwei Feldern zeigt die Kategorie Mann als Stifter eine im Vergleich zu den anderen Stiftertypen überproportional erhöhte Relevanz, nämlich in den Segmenten Familienangehörige sowie Bildung und Erziehung. Ist dies Ausdruck eines Paternalismus im ursprünglichen Wortsinn? Eine gewisse Relevanz kommt dann noch dem Feld Wissenschaft und Forschung zu. Betrachtet man nur die Zwecke, ohne sie auf die Recheneinheit Stiftung zurückzubeziehen, dann zeigt sich diese Relevanz noch deutlicher.

Deutlich fallen hingegen die Bereiche Soziales, Kunst/Kultur und Umwelt/Tierschutz ab. Eine im Vergleich zum Gesamtbestand und zu anderen Stiftergruppen erkennbar geringere Bedeutung haben zudem die Zweckfelder Völkerverständigung und Gesundheit.

Die folgende Grafik zeigt im Vergleich die Auswertungen 2001 und 2006 für den Mann als Stifter. Vor dem Hintergrund eines hohen Stiftungsbestandes kommt es gleichwohl zu erkennbaren Verschiebungen. Am deutlichsten ist der relative Rückgang des Zwecks Bildung/Erziehung, und die Zunahme im Bereich Umwelt- und Tierschutz.

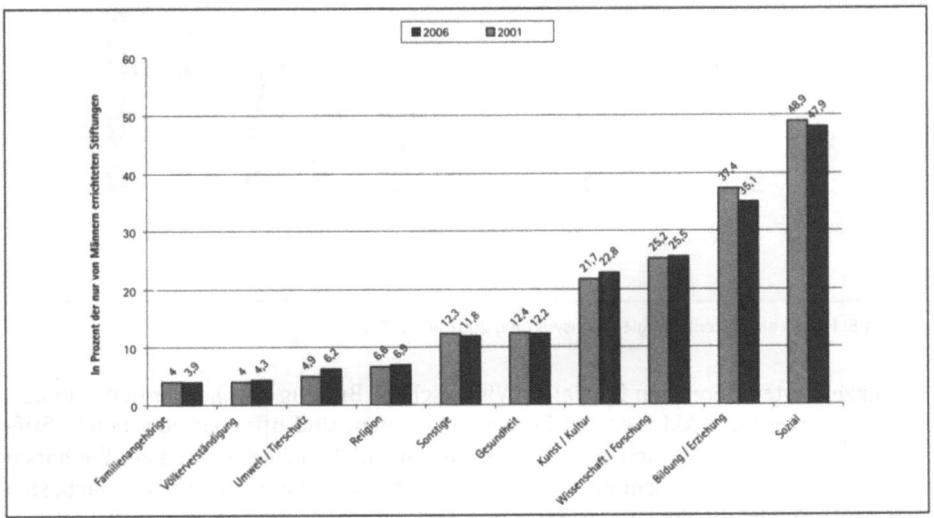

Grafik 4.4: Mann als alleiniger Stifter: Vergleich Auswertung 2001 und 2006

c) Frau als Stifterin

Eine nach oben exponierte Stellung nehmen Frauen als Alleinstifterinnen in den Bereichen Soziales und Gesundheit ein, wobei sie in beiden Fällen aber noch etwas hinter den Stiftungen zurückbleiben, die von Mann und Frau gemeinsam errichtet werden. Vergleicht man die Frau als Stifterin mit dem Mann als Stifter, dann kommt, neben Soziales und Gesundheit, noch die höhere Bedeutung hinzu, die Umwelt und Naturschutz bei Frauen beanspruchen können. Bei allen anderen Bereichen bleiben sie hingegen hinter der Stiftertätigkeit der Männer zurück. Auf den ersten Blick überrascht besonders die Zurückhaltung der Frauen bei den Themen Familienangehörige und bei Fragen der Bildung und Erziehung. Betrachtet man nur die Zwecke für sich, dann gibt es, neben der schon erwähnten Veränderung im Bereich Soziales, auch eine relativ höhere Relevanz für Kunst und Kultur im Vergleich zu männlichen Stiftern.

Auffällig ist noch eine andere Kategorie, nämlich Sonstiges. Im Bereich der von Frauen gegründeten Stiftungen hat man es hier mit 7,1 Prozent der Stiftungen zu tun, weit hinter allen anderen Kategorien. Es sieht so aus, als ob Frauen allein zu deutlich konventionellerem Stiftungshandeln neigen, das sich an den großen gesellschaft-

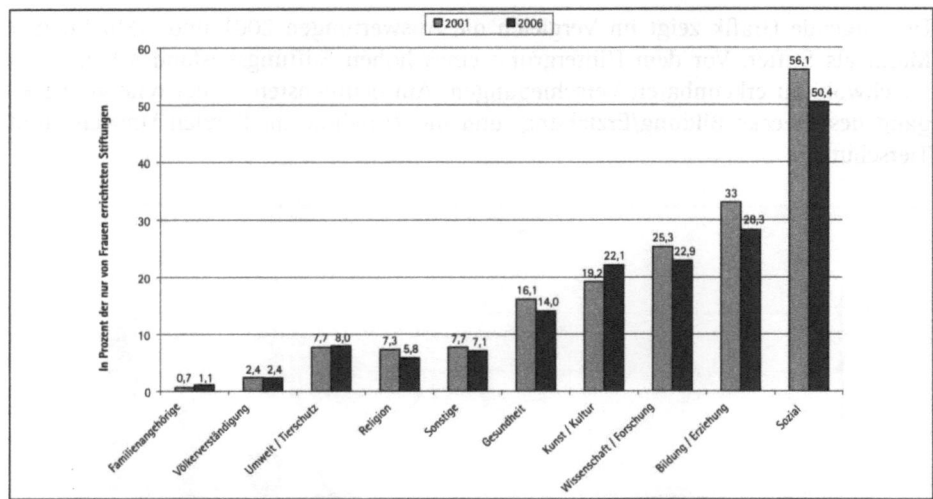

Grafik 4.5: Frauen als Stifterin: Vergleich Auswertung 2001 und 2006

lich akzeptierten Bereichen (Soziales, Wissenschaft, Bildung usw.), orientiert. Männer hingegen, aber auch Männer und Frauen zusammen, sind offenbar eher bereit, Stiftungen zu gründen, die sich einer Einordnung in solche Felder entziehen. Sie haben also mehr Mut zur Abweichung von *mainstreams* – oder mehr Bedürfnis danach, sich von Anderen abzuheben.

Im Vergleich zur Auswertung 2001 zeigt sich deutlich mehr Bewegung als bei den männlichen Stiftern. Während sich die Auswertungsanzahl bei den von Männern errichteten Stiftungen um 20 Prozent erhöht, handelt es sich bei den Frauen um 80 Prozent. Insofern zeigt sich hier eine Konsolidierung des Stiftungsprofils.

d) Mann und Frau gemeinsam

Betrachtet man die von Mann und Frau oder Männern und Frauen kooperativ errichteten Stiftungen, stellt sich als erste Frage, ob es denn überhaupt gerechtfertigt ist, hier von kooperativem Handeln zu sprechen? Wie will man die Vermutung zurückweisen, es habe sich letztlich doch nur darum gehandelt, dass z.B. der Ehepartner mit unterschrieb, aber nicht mitgestaltete? Diese Vermutung lässt sich für den Einzelfall nicht ausschließen, aber die Struktur des Zahlenmaterials als Ganzes spricht eine andere Sprache. Die Schwerpunkte der Zwecksetzungen ähneln weder dem Profil, das sich bei Frauen, noch dem, das sich bei Männern als Stifter zeigt. Am deutlichsten sind die Unterschiede in den Bereichen Kunst und Kultur sowie Umwelt und Tierschutz. In beiden Zweckfeldern übertreffen die Mann/Frau-Stiftungen um 7 und 5 Prozentpunkte die Anteile der nur von Männern oder Frauen errichteten Stiftungen. In anderen Feldern liegen sie mal gleichauf mit Männern, aber über Frauen, mal umgekehrt. Immerhin in vier Feldern übertreffen sie alle anderen Stiftergruppen, nämlich in den Bereichen Soziales, Wissenschaft/Forschung, Gesundheit sowie Umwelt/Tierschutz. Kurzum: wenn Mann und Frau etwas zusammen in gemeinsamer Verantwortung tun, ist dies etwas anderes, als wenn jede Seite es nur für sich tut. Die Tatsache, dass bei diesen Stiftungen 20 Prozent mehr an Stiftungszwecken festgelegt werden, deutet dabei allerdings auch auf ein einfaches Verfahren der Kompromissbildung durch Aufgabenerweiterung hin.

Das Bild, das die StifterStudie der Bertelsmann Stiftung zeichnet, ist also nicht nur im Hinblick auf die fehlende Berücksichtigung der körperschaftlichen Stifter unvollständig. Sie zeichnet zudem nur ein unvollständiges Bild von den Privatstiftern, da viele von Stiftern auf kooperativer Grundlage errichtete Stiftungen von vornherein nicht in die Untersuchung einbezogen wurden. Ungeachtet des begrüßenswerten Erkenntnisfortschrittes durch die Bertelsmann-Studie darf man daher nicht glauben, dass die StifterStudie tatsächlich Motive und Handeln ‚der' Privatstifter erfasst und dargestellt habe.

Beim Vergleich zu 2001 zeigen sich die gravierendsten Veränderungen, vor dem Hintergrund einer um 120 Prozent erhöhten Auswertungszahl. Besonders beeindruckend sind die Zuwächse in den Bereichen Umwelt/Tierschutz, Völkerverständigung, Kunst und Kultur sowie Wissenschaft und Forschung.

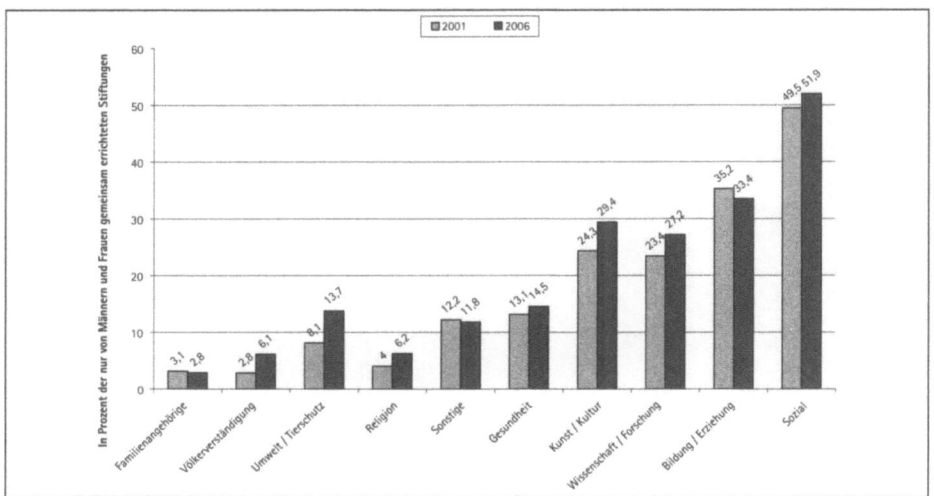

Grafik 4.6: Frau und Mann als gemeinsame Stifter: Vergleich Auswertung 2001 und 2006

Es war zu erwarten, dass die soziale Wirksamkeit des Geschlechts bei einer so alten Institution wie der Stiftung nicht ausbleiben kann; ebenso wenig dürfte überraschen, dass in den letzten Jahrzehnten eine zunehmend rasante Abschwächung patriarchalischer Strukturen feststellbar ist. Etwas unerwartet zeigte sich dabei als ‚drittes Geschlecht‘ die kooperative Stiftung, sei es von Ehepaaren gegründet, sei es in Form von Gemeinschafts- und Bürgerstiftungen.

5 Historisches zum Stiftungswesen

Ausgehend von einer die heute existenten Stiftungen erfassenden Datenbank ist es nicht ohne weiteres möglich, historiographische Aussagen zur geschichtlichen Entwicklung des Stiftungswesens zu machen. Auf jeden Fall ist dies nicht in der Weise möglich, wie ein wenig übermütig in MI Statistik 1998 unter der Überschrift „Historische Entwicklung des Stiftungswesens" geschehen. Zu sehen bekam man dort eine Schichtung des bestehenden Stiftungswesens nach Errichtungsjahren. Eine angemessenere Form für diesen Inhalt kann zum Beispiel die Pyramidendarstellung sein, wie man sie gemeinhin in Form der Alterspyramide zur Präsentation der Altersstruktur einer Bevölkerung kennt. Die 1998 gewählte Form eines Liniendiagramms suggerierte hingegen, zumal unter der gewählten Überschrift, dass ein historischer Verlauf abgebildet würde: Das Ergebnis bestand in einer steil exponential ansteigenden Kurve. Da zu dieser Zeit schon allenthalben von einem Stiftungsboom die Rede war, überraschte diese Art der Darstellung niemanden, sondern sie schien eine gefühlte Wirklichkeit nur zu bestätigen.

Auch in BDS Statistik 2000[1] und im statistischen Vorspann zu „Sparkassen und Stiftungen" des Deutschen Sparkassen- und Giroverbandes[2] fand sich diese Art der Präsentation, wiederum ausgehend von den Errichtungsjahren. Auch wenn die dort gewählten Zeiträume – im ersten Fall die letzten 50 Jahre, im zweiten Fall das 19. und 20. Jahrhundert, zudem begrenzt auf Sparkassenstiftungen – das Ausmaß der (Selbst-)Suggestion in Grenzen halten, werden sie dadurch nicht haltbarer.

So wurden allein zwischen 1991 und 2001 mindestens 5 Prozent der zwischen 1950 und 1979 gegründeten Stiftungen aufgelöst – und auch von den in den 1980er Jahren gegründeten Stiftungen sind mindestens 3 Prozent schon wieder verschwunden.[3] Da aber der Aufbau der Datenbanken des Maecenata Instituts wie des BDS erst Anfang der 90er Jahre den eingangs erwähnten gemeinsamen Ursprung hat, sind die damals schon aufgelösten Stiftungen aus den 1950 bis 1980er Jahren in der Regel schon gar nicht mehr erfasst. Weil man es in diesem Bereich grundsätzlich mit relativ geringen Zahlenmengen zu tun hat, wirkt sich jede solche aufgelöste Stiftung sofort in Prozentpunkten aus. Jede auf diese Weise nie erfasste Stiftung macht für die 50er Jahre eine Abweichung von bis zu 3 Prozent pro Errichtungsjahr aus, in den 60er Jahren von 2 Prozent; erst in den 80er Jahren erreicht man Werte unter 1 Prozent pro (nicht mehr) erfasster Stiftung. Mit anderen Worten: Auch in der scheinbar durch zeitliche Nähe gesicherten Datenbasis sind die Verzerrungen dermaßen hoch, dass Liniendiagramme eine suggestive Verstärkung darstellen, die sich aus wissenschaftlicher Perspektive verbietet. Das gilt erst recht, je heftiger historisch-katastophale

---

1   Ebd. S. 18f.
2   Sparkassen und Stiftungen: ein Nachschlagewerk/Deutscher Sparkassen- und Giroverband [Hrsg.], Bonn, 1999, S. 9.
3   Vgl. MI 2001, S. 26.

Großereignisse, die in der deutschen Geschichte nicht selten sind, Auswirkungen auf die Existenz von Stiftungen haben konnten[4].

Dennoch kann man einer Datenbank existierender Stiftungen Historisches ablauschen, wenn man die richtigen Instrumente ansetzt. Die zentrale Erfassungskategorie, die dafür zur Verfügung steht, ist offensichtlich das Errichtungsjahr. In der Datenbank liegen momentan zu 9.969 Stiftungen Angaben zu den Errichtungsjahren vor.

Um aus dieser Zahl Thesen historischer Natur ableiten zu können, muss man ein theoretisches Gedankenexperiment zulassen: Wie würde die Altersstruktur des Stiftungswesens heute aussehen, wenn in jedem Jahr seit dem Jahre 900 eine exakt identische Zahl an Stiftungen errichtet worden wäre? Es gäbe dann zwei theoretische Altersstrukturen des heutigen Stiftungswesens:

- Struktur a): Weil eine Stiftung eine Stiftung ist, ‚lebt sie ewiglich‘, ist also gegen alle historischen Wechselfälle und menschliche Schwächen gefeit. Unter dieser Bedingung wären heute noch alle Stiftungen erhalten, die Errichtungsanzahl jeden Jahres wäre in der Datenbank identisch (abgesehen von Erfassungsfehlern).

- Struktur b): Diese Struktur ergibt sich aus der Überlegung, dass eine Stiftung zwar gegen historische Wechselfälle und menschliche Schwächen gefeit ist, gleichwohl aber nicht ewig lebt, gleichsam einer natürlichen Alterung unterliegt. Der Zahn der Zeit fordert seinen Tribut, tut dies aber *grosso modo* gleichmäßig. In diesem Fall kann man als Formel nehmen, dass immer weniger in der Vergangenheit errichtete Stiftungen heute noch existieren, je weiter man in die Vergangenheit zurückgeht. Diese Überlegung führt zu dem Bild, dass die Errichtungsjahre der heute noch bestehenden Stiftungen aneinander gereiht eine stetig ansteigende Linie ergeben. Obgleich also in jedem Jahr gleich viele Stiftungen errichtet worden wären, wäre das Abbild dieser Situation scheinbar ganz anders, nämlich eine vom Jahr 900 nach heute ansteigende Linie.

Wie sähe das Ganze nun aus, wenn man als ergänzende Annahme zuließe, dass nicht jedes Jahr gleich viele Stiftungen errichtet wurden, sondern es im Verlaufe der Zeit zu einem Anstieg an Errichtungen gekommen sei? In diesem Fall gebe es die Strukturen A′) und B′).

Struktur A′) Unter der Annahme, die unter a) über die Haltbarkeit von Stiftungen gemacht wurde, müsste man eine stetige oder exponentiell steigende Linie erhalten, die gleichsam 1:1 den tatsächlichen Verlauf abbildet.

Struktur B′) Unter der Annahme, die unter b) zu Stiftungen und Geschichte gemacht wurde, ergebe sich auch eine stetig oder exponentiell steigende Linie. Der Unterschied

---

4   Im Grunde dienten und dienen suggestive Darstellungen inhaltlich dazu, den seit den 1980er Jahren durchaus erkennbaren Anstieg an Stiftungsneugründungen in besonderer Weise zu profilieren. Es ist keine 30 Jahre her, dass hochrangige Politiker, wie der ehemalige Oberbürgermeister der Stadt Frankfurt am Main, öffentlich ihre Überzeugung ausdrückten, dass die Reste der vormodernen Institution des Stiftungswesens im Rahmen der bundesdeutschen Demokratie als Relikt der Vergangenheit verschwinden werden.

zu A') wäre lediglich, dass die Werte keine Abbildung 1:1 des tatsächlichen Verlaufes bedeuten.

Was ist mit diesen Überlegungen gewonnen? Eine Vorstellung davon, wie Abweichungen von diesen theoretischen Verläufen zu erkennen sind. Tatsächlich haben die genannten Strukturen folgende Typmöglichkeiten gebracht:

- Eine (unwahrscheinliche) Gerade ohne Steigung/Neigung mit dem unveränderlichen Wert n Stiftung pro Errichtungsjahr (Struktur a)
- Ein kontinuierlicher Anstieg im Zeitverlauf (Struktur b, Struktur A', Struktur B')
- Eine exponentiell ansteigende Linie (Struktur A', Struktur B')

Man ist versucht zu sagen, dass mit diesen Überlegungen nicht viel gewonnen ist, denn was bedeutet es denn, wenn man anhand der Datenbank einen kontinuierlichen Anstieg oder eine exponentiell ansteigende Linie wiederfindet? Ohne Zusatzinformation wäre ja gar nicht zu entscheiden, ob man es mit der Struktur A' oder B' zu tun hat – lediglich a oder b könnte man, je nach Ergebnis, ausschließen.

Tatsächlich jedoch bieten die Zahlen aus der Datenbank ein von diesen Erwartungen abweichendes Bild, das durch Brüche und Diskontinuitäten gekennzeichnet ist. Diese Brüche sind es, die Fragen an die historische Forschung aufwerfen.

In der Grafik 5.1 wurde eine Auswertung nach Jahrhunderten für den Zeitraum 900 bis 1799 vorgenommen. Der Anstieg von 900 bis 1799 ist prägnant und eindeutig, ebenso eindeutig ist jedoch, dass diesem Anstieg die kontinuierliche Steigung fehlt. Die Errichtungswerte in der Datenbank fallen sowohl für das 15. als auch für das 17. Jahrhundert im Vergleich zu den vorherigen Jahrhunderten ab. Dieser Abfall wird erst interessant, weil er sich vor dem Hintergrund einer prinzipiell deutlich vorhan-

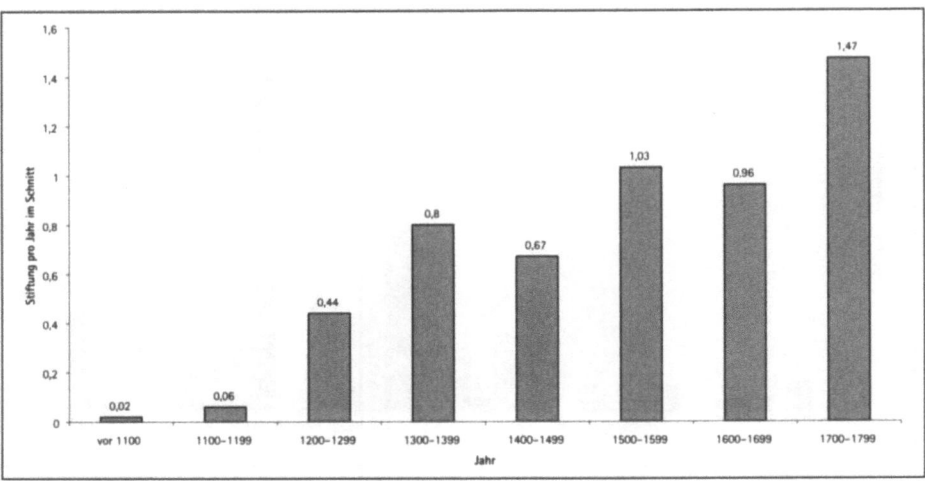

Grafik 5.1: Verteilung noch bestehender Stiftungen nach Errichtungsjahr, alle Stiftertypen, 900 bis 1799

denen und kontinuierlichen Steigerung im Zeitraum von 900 bis 1799 abspielt. Das bedeutet übrigens nicht zwingend, dass im 15. oder 17. Jahrhundert weniger als in den Jahrhunderten zuvor gestiftet worden wäre – es kann auch sein, dass die Art, wie gestiftet wurde, anfälligere Konstruktionen ergab. Vor dem Hintergrund der theoretischen Überlegung ergibt sich daraus der Befund, dass eine einzelne Stiftung zwar eine erstaunliche Haltbarkeit haben kann, das Stiftungswesen als Ganzes aber nicht allein aufgrund innerer Gesetze wächst oder untergeht, sondern ebenso aufgrund externer Faktoren.

Die Grafik 5.2 verändert den globalen Zeitrahmen, der zugleich nicht mehr nach an sich bedeutungslosen Jahrhunderten eingeteilt ist, sondern nach (vertretbaren) Epochen deutscher Geschichte. Die Zeit vor 1525 wurde aus praktischen Gründen einer zu geringen Fallzahl im Vergleich zum 19. und 20. Jahrhundert ausgeschlossen. Erweitert wurde die Darstellung jetzt um die parallele Betrachtung der Stiftungserrichtungen durch natürliche Personen und Körperschaften.

Der Anstieg von 1525 bis 1944 ist prägnant, aber diskontinuierlich. Auffällig ist besonders die geringe Zunahme für den Zeitraum 1648 bis 1805 im Vergleich zu dem Zeitraum davor. Wirken sich hier die aufklärerische Ablehnung des Stiftungswesens und der aufsteigende Absolutismus als abträgliche Faktoren aus?

Auffällig ist auch die Verteilung, wenn nur natürliche Stifter und körperschaftliche Stifter in Betracht gezogen werden. Der Anstieg zwischen 1919 und 1932 bedeutet im Vergleich zu den früheren Perioden eine Abflachung, die Periode ab 1933 dann sogar einen Rückgang – während der körperschaftliche Wert für die Periode 1919–1932 einen deutlichen Anstieg gegenüber den Jahrzehnten davor ausdrückt, der nochmals

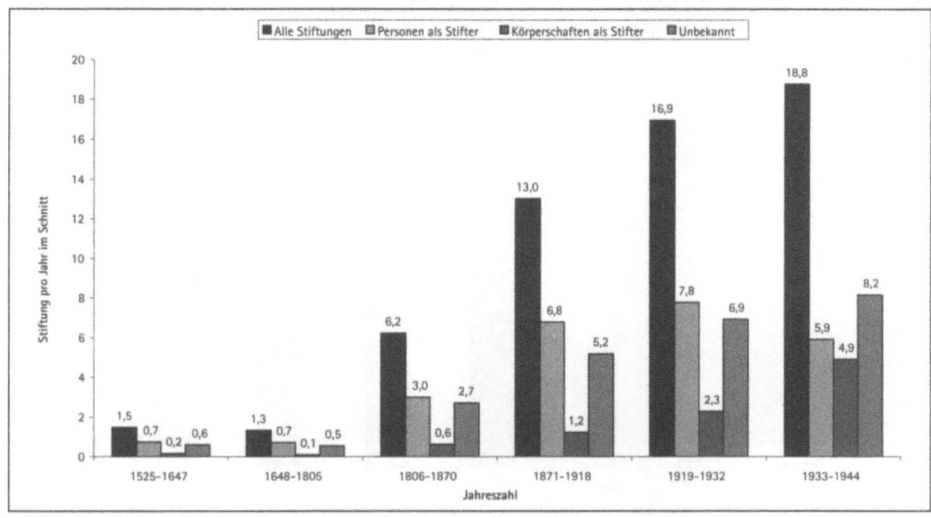

Grafik 5.2: Verteilung noch bestehender Stiftungen nach Errichtungsjahr und Stiftertypen, 1525–1944

drastisch in der Zeit bis 1944 ansteigt. Das private Stifterengagement stellt sich nach
dem 1. Weltkrieg als zunehmend geschwächt dar. Neben den wirtschaftlichen Faktoren wie Hyperinflation und Weltwirtschaftskrise wirken sich ab 1933 die wahnhaft
rassenpolitischen NS-Eingriffe in das Stiftungswesen aus. Eine detailliertere Auswertung zeigt, dass die Zahlen von 1933 bis 1938 deutlicher ansteigen, um dann
zwischen 1939 und 1944 abzufallen, wobei sie aber noch oberhalb der Zahlen aus
der Weimarer Republik liegen. Mit anderen Worten: Es gab ein systembedingt verändertes Stiftungswesen, in das kontinuierlich neue Stiftungen kamen.

Die nächste Grafik stellt die Periode der alten Bundesrepublik, ab 1990 ganz Deutschlands in den Mittelpunkt. Dafür wurden Indexwerte gebildet, wobei als 100 der jeweilige Stand in der Periode 1970-1974 gesetzt wurde. Gut erkennbar wird so, dass
für die 1950er Jahre ein unterproportionaler Anteil an natürlichen Stiftern zu konstatieren ist – und seit den 1980er Jahren ein überproportionaler Anstieg der von
Körperschaften begründeten Stiftungen. Aus den 15 Jahren, in denen die Datenbank
existiert, ist bekannt, dass Stiftungen zwar auch aufgelöst werden, dies aber nur
einen kleinen Prozentsatz ausmacht. Daher kann man davon ausgehen, dass große
Abweichungen in den Errichtungszahlen umso mehr Ausdruck steigender Neuerrichtungszahlen sind, je näher der Zeitraum liegt und je stabiler die wirtschaftlichen
und politischen Rahmenbedingungen sind. Im Vergleich von Individualstiftern und
körperschaftlichen Stiftern kann man daher davon sprechen, dass die natürlichen
Stifter, von einem niedrigen Level in den 1950er Jahren herkommend, stetig und ab
den 1980er Jahren dynamisch vom Indexwert 20,73 auf 448,17 zugenommen haben.
Währenddessen stagnierten körperschaftliche Stifter zwischen 1965 und 1979 eher,
um dann umso deutlicher das Stiftungswesen für ihre Zwecke neu zu entdecken.

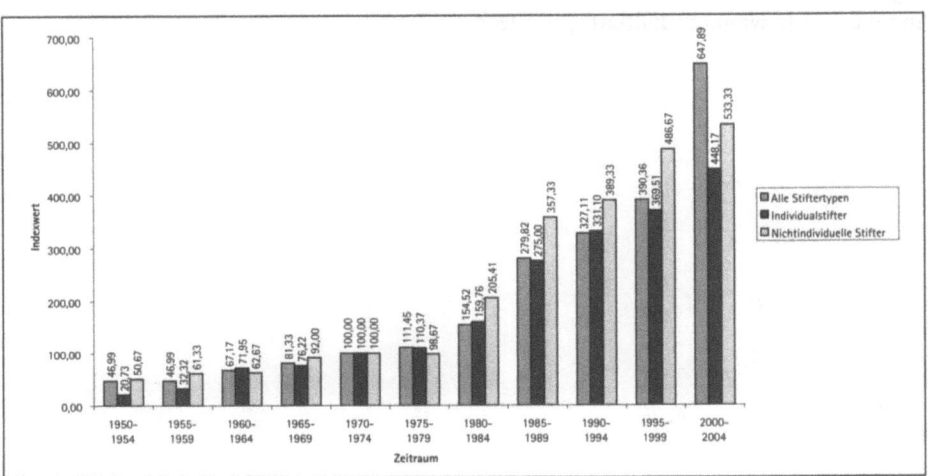

Grafik 5.3: Verteilung noch bestehender Stiftungen nach Errichtungsjahr, alle Stiftertypen im Vergleich zu
Individualstiftern, 1950-2004, Index 100 = Zeitraum 1970–1974

Lässt man die verschiedenen Grafiken Revue passieren, drängen sich bestimmte Beobachtungen auf, die als Forschungsfragen an die historiographische Forschung gerichtet werden können:

Natürliche Stifter scheinen zu bestimmten Zeiten, d. h. also unter bestimmten gesellschaftlichen Bedingungen, eher zum Stiften bereit zu sein als in anderen Phasen. Wie sind solche dem Typus Individualstifter entgegenkommende Phasen charakterisiert? Soweit anhand der Grafiken erkennbar, scheint die Zeit um die bürgerlichen Revolutionen in der ersten Hälfte des 19. Jahrhunderts ebenso förderlich zu sein, wie Phasen eines konsolidierten Staates, sei es in Form des Deutschen Kaiserreiches nach Überwindung der Gründungswehen, sei es in Form der Bundesrepublik Deutschland nach Wirtschaftswunder und gesellschaftlicher Demokratisierung. Andererseits sind Phasen des Krieges und unmittelbarer Kriegsfolgen der Tätigkeit natürlicher Stifter ebenso abträglich, wie die Neu- oder Umgründung von politischen Systemen. Kann man dies als eine Affinität zwischen ziviler Bürgerlichkeit und individueller Stiftertätigkeit deuten? Oder gibt es andere Erklärungsmuster?

Auch körperschaftliche Stifter scheinen bessere und schlechtere Jahre zu haben. Auffällig ist zumindest, dass keine strikte Parallelität zu der Tätigkeit individueller Stifter zu bestehen scheint. Kann man hier tatsächlich von voneinander relativ unabhängigen Prozessen sprechen, oder gibt es so etwas wie natürliche Schwankungsbreiten und Antizipationen?

Die für ferner liegende Jahrhunderte aufgezeigten Phänomene arbeiten mit relativ geringen Fallzahlen, also mit besonders hoher Fehlerträchtigkeit. Daher kann nur eine entsprechende historische Erforschung von Archiven feststellen, ob der Eindruck zutrifft, dass in bestimmten Perioden, die durch historische ‚Ereignisse' wie den dreißigjährigen Krieg geprägt wurden, weniger gestiftet wurde. Oder wurde vielleicht nur anders, wurde weniger ‚haltbar' gestiftet?

6 Die wirtschaftlichen Verhältnisse von Stiftungen

Das Bild von den wirtschaftlichen Verhältnissen von Stiftungen, das in der Öffentlichkeit, aber auch im Selbstverständnis des Stiftungswesens umgeht, ist ideologieträchtig. Umlaufende Stiftungsideologien zeichnen sich dadurch aus, dass ein Teilbereich der Stiftungswirklichkeit zum Wesen des Stiftungsbereichs, zur Verkörperung des echten und wahren Stiftungswesens stilisiert wird. Alle anderen vorhandenen Stiftungen, die diesem behaupteten Wesen nicht genügen, werden zu Abweichungen vom echten Stiftungswesen erklärt, die mal mehr, mal weniger tolerabel erscheinen.

Ein Beispiel: Eine Bevölkerungsbefragung im Auftrag der Bertelsmann Stiftung förderte zu Tage, dass ein erheblicher Teil der Bevölkerung in Stiftungen Spenden sammelnde Einrichtungen sieht. Das ist ohne Zweifel eine verkürzte Wirklichkeitswahrnehmung. Sie bildet aber schon einen Teil der Realität ab, wie und wo der Kontakt der meisten Bürger zu Stiftungen bewusst stattfindet, nämlich vermittelt über Medien. Dort treten Spenden sammelnde Prominenten-Stiftungen wie die Jose-Carreras-Leukämie-Stiftung, die Christiane Herzog-Stiftung für Mukoviszidose-Kranke, die Stiftung Fliege usw. in Erscheinung, mit zeitweilig fast täglicher Fernsehpräsenz. Hinzu gesellen sich alle möglichen Formen von Spenden sammelnden Stiftungsunternehmungen, angefangen von der Caritas-Gemeinschaftsstiftung bis hin zur Deutschen Stiftung Denkmalschutz. Seit geraumer Zeit sind auch die parteinahen Stiftungen gehalten, einen Teil ihrer Einnahmen über Spenden darzustellen, und auch die vielen Bürgerstiftungen sind in dieser Richtung regelmäßig tätig. Manchen Stiftungen gelingt es, dabei auch ein Stiftungsvermögen nach und nach als zweite Säule neben der zum zeitnahen Verbrauch bestimmten Spende aufzubauen. Schon diese kurze Auflistung deutet an, dass es sich hierbei um ein tatsächlich vorkommendes, nicht unbedeutendes Segment des Stiftungswesens handelt.

Interessant ist nun, wie dieser Befund vom Auftraggeber kommentiert wurde, nämlich mit Entsetzen. In der Bevölkerung gäbe es ein vollkommen falsches Bild vom Stiftungswesen, das sich doch durch die auf privatem Vermögen gegründete und im Wesentlichen aus den Erträgen dieses Vermögens finanzierte Stiftung auszeichne. Eine Aufklärung der Öffentlichkeit wird angemahnt, um das vorgeblich falsche durch das richtige Verständnis von Stiftungen zu ersetzen. Tatsächlich wird sich im Folgenden zeigen, dass eine solche Aufklärung nur ein unvollständiges Bild durch ein anderes unvollständiges Bild ersetzen will.

Natürlich wird in solchen Auseinandersetzungen nicht die Existenz andersartiger Stiftungen geleugnet. Kommuniziert wird lediglich, dass diese anderen Stiftungen besser nicht existieren sollten. Ein analoger Kampf wird gegenüber den sogenannten Zuwendungsstiftungen der Öffentlichen Hand geführt. Dabei verschränken sich zwei Ebenen. Bei der einen Ebene geht es um die Frage, ob die Öffentliche Hand stiften soll oder stiften darf. Hierbei kann man z.B. über Fragen der Aushebelung des Parlamentsvorbehalts diskutieren. Bei der anderen Ebene steht die Finanzierungsweise am Pranger: Eine Stiftung, die Jahr für Jahr auf die Zuwendungsbescheide der Kommune, des Landes oder des Bundes angewiesen ist, sei doch keine richtige Stiftung... Dieses Argument setzt immer schon voraus, dass eine ‚richtige' Stiftung ihre Arbeit im Wesentlichen aus den Erträgen einer Vermögensmasse finanziere.

Bei der Frage nach den wirtschaftlichen Verhältnissen geht es also weder einfach um eine Vermögens- und Ertragsbilanzierung, noch um Fragen der Effizienz, sondern viel grundsätzlicher um das adäquate Verständnis des Stiftungswesens.

Die Bedeutung der Bilder, die man sich von der echten, richtigen Stiftung macht, darf man nicht unterschätzen. Als im Jahr 2000 die Stiftungssteuerrechtsform von der damaligen rot-grünen Bundesregierung eingebracht wurde, ging es dieser um eine Stärkung der Gemeinschafts- und Bürgerstiftung. Dieses in den USA sehr erfolgreiche Modell zeichnet sich durch den Zusammenschluss vieler Bürger im Rahmen einer Stiftung aus, was die Entstehung großer Stiftungen ohne einen einzelnen Großstifter möglich macht. Demokratisierung des Stiftungswesens und Partizipation an der Gesellschaft über eine Bürgerstiftung waren die Leitlinien, mit denen MdB Antje Vollmer und ihr Referent Felix Ensslin die Stiftungen stärken wollten.

In Steuerrecht übersetzt hieß das: Einführung eines zusätzlichen Sonderabzug über damals 40.000 DM jährlich, wenn ein Bürger entsprechend Geld einer Stiftung zukommen ließ. Einspruch kam im Bundesrat von unionsgeführten Ländern – Ihr vergesst den ‚klassischen Einzelstifter'! Im Resultat führte dies zu einem Kompromiss, indem noch ein weiterer Sonderabzug eingeführt wurde: die Möglichkeit, bis zu 600.000 DM zusätzlich abzuschreiben, verteilt auf bis zu 10 Jahre, wenn dies Geld in die Errichtung einer neuen Stiftung fließt. Mit Sicherheit aber war die Verankerung erweiterter Steuervorteile als Fördermaßnahme für das Stiften von gemeinnützigen Stiftungen auch Ausdruck eines populären Vorurteils über Stiftungen, nämlich dass es sich bei diesen zuallererst um Verkörperungen von Vermögensmassen handele, aus deren Früchten Gutes getan wird.

Entsprechend dieser Diskussion fehlte eine Frage nie bei den Journalisten, die 1999/2000 zu der Zeit der Stiftungssteuerrechtsreform an Hintergrundartikeln arbeiteten und sich an das Maecenata Institut wandten: nämlich die Frage nach ‚Rankinglisten' von Stiftungen, sei es gestaffelt nach Vermögen, sei es nach Ausgaben. Da im Rahmen publizistischer Konkurrenz der zeitlich spätere Hintergrundartikel nicht einfach veröffentlichen wollte, was ein früherer Artikel in einem Konkurrenzblatt schon geboten hatte, tauchte schnell die Frage nach modifizierten Rankinglisten auf. Mal sollten diese etwas länger sein, mal nur bestimmte Zweckbereiche oder nur bestimmte Stiftertypen erfassen.

Von Beginn an wurde von Seiten des Maecenata Instituts auf die vielfältigen Probleme und naheliegenden Irreführungen solcher Listen hingewiesen. Der Versuch, das journalistische Interesse auf andere Themen für Grafiken zu lenken, erwies sich in der Regel als aussichtslos, weil ein (unterstelltes) Bedürfnis der Leserschaft zu befriedigen war.

Einige dieser sachlichen Probleme seien kurz benannt, da sie die Frage der Analyse von Vermögen und Ausgaben von Stiftungen vertiefen:

- Nur ein nachrangiges Problem ist die Tatsache, dass Vermögen und Ausgaben zu den von vielen Stiftungen als hochsensibel eingeschätzten Kategorien gehören: Während die Stiftungszwecke in der Datenbank bei fast 90 Prozent der Stiftungen ausführlich bekannt und erfasst sind, sinkt diese Quote bei Ausgaben und Vermögen auf knapp 30 Prozent. Das behindert zwar Aussagen und beschränkt deren Reichweite und Sicherheit, ermöglicht aber gleichwohl sinnvolle Analysen und Hochrechnungen.

- Ernster ist ein ganz anderes Problem, nämlich das der Vermögensbewertung. Immobilien, Unternehmensanteile einer Unternehmensträgerstiftung, Aktien, diverse sonstige Geldanlageformen und sonstige Vermögenswerte haben in der Bundesrepublik kein gemeinsames Bewertungsmaß, auch wenn alle diese Formen in Euro irgendwann in einem Geschäftsbericht oder als Antwort in einem Fragebogen ausgedrückt sind. Die scheinbar simple Frage, welches dem Vermögen nach die größte deutsche Stiftung sei, illustriert exemplarisch die hier angedeutete Problematik.

Spannend und instruktiv bleibt der Fall der Bewertung der Bertelsmann Stiftung. Im Jahr 2000 betrug der Buchwert der Bertelsmann Stiftung, wie er entsprechend dem Tätigkeitsbericht veröffentlicht wurde, 1,3 Milliarden DM, was einen Platz unter den ersten 10 Stiftungen bedeutete. Nun besteht das Vermögen der Bertelsmann Stiftung im Wesentlichen aus einer stimmrechtslosen Haupteigentümerschaft an der nicht an der Börse handelbaren Bertelsmann AG. Niemand behauptet, dass damit in irgendeiner Weise auch nur annähernd der Marktwert der Anteile beschrieben sei, weshalb lange Zeit in der Datenbank des Maecenata Instituts der jeweilige Buchwert auf Grund öffentlicher Aussagen der Verantwortlichen mit dem Faktor 10 multipliziert wurde, wodurch die Bertelsmann Stiftung unstrittig auf Platz 1 in der Rankingliste Vermögen landete – nur, wenn man das in diesem Fall tut, warum nicht in allen Fällen? Nachdem das Bertelsmann Unternehmen im Hinblick auf künftige Entwicklungen einen Prozess eingeleitet hatte, an dessen Ende eine Börsenhandelbarkeit der Aktien stehen sollte, gab es erste marktorientierte Berechnungen, nach denen die Anteile der Bertelsmann Stiftung einen Wert von gut 35 Milliarden DM hätten – 1,3 Milliarden, 13 Milliarden, 35 Milliarden, wer bietet mehr? Mittlerweile ist die Börsennotierung wieder vom Tisch. Bedeutet das nun, dass die Bertelsmann Stiftung allenthalben wieder ihrem Buchwert entspricht? Mit diesem Wert, d.h. knapp 791 Millionen € Vermögen, wird sie in der Vermögensrankingliste in BDS Statistik 2007 auf Platz 10 geführt.[1]

- Mindestens ebenso gravierend wie die Unmöglichkeit einheitlicher Vermögensbewertungen sind qualitative Illusionen, die durch allgemeine Rankinglisten erzeugt werden. Es werden Vergleichbarkeiten suggeriert, die nicht bestehen. Der Wert des

---

1   A.a.O., S.23.

Vermögens einer Unternehmensträgerstiftung hat regelmäßig einen ganz anderen Sinn als bei einer Stiftung, die mit einem Geldbetrag ausgestattet wurde, der zum Beispiel in Form von Aktien angelegt wird. Im letzteren Fall gibt es keine irgendwie geartete Bindung an ein Unternehmen, außer der der Rendite-Risiko-Relation (der Fall der Verwirklichung von Stiftungszwecken, zum Beispiel einer Umweltstiftung, durch entsprechende Anlageformen sei hier ausgeklammert). Im ersten Fall jedoch wurde die Stiftung auch errichtet, um den Fortbestand des Unternehmens institutionell zu sichern – eine solche Stiftung ist in der Regel als ein ‚bescheidener (Mit-)Eigentümer' konzipiert.

• Irritierend wird es dann in der Tat, wenn Vermögens- und Ausgabenlisten einander gegenübergestellt werden. Dabei wird schnell ersichtlich, dass Gewinne aus dem Vermögen offensichtlich nur eine neben anderen Quellen zur Bestreitung der Ausgaben sein können. Es treten bei den Ausgabenlisten hauptsächlich Stiftungen auf, die überwiegend gebührenfinanziert sind, also Dienstleistungen erbringen, für die sie bezahlt werden. Tatsächlich zeigt sich bei vielen Stiftungen ein Finanzierungsmix aus Zuwendungen der öffentlichen Hand, privaten Spenden, Einnahmen aus Vermögen, oder Gebühren von Kunden sowie Mitteln aus den Kassen der Sozialversicherungen.

• Zugespitzt gesagt: Rankinglisten haben ein hohes Desinformationspotenzial. Entsprechend solchen und weiteren Einwänden gibt es in diesem Band keine Rankinglisten.

Gleichwohl ist das öffentliche wie wissenschaftliche Interesse an Vermögens- und Ausgabenstrukturen berechtigt. Es stehen auch genügend Angaben in der Datenbank zur Verfügung, um zu statistisch haltbaren und informativen Aussagen sowie Forschungsproblemen zu kommen. Dafür aber muss man in Größen-Relationen denken. In MM Statistik 1996 und MI Statistik 1998 wurde sowohl für den Bereich der Vermögen wie der Ausgaben mit entsprechenden Größenklassen gearbeitet, die fein genug sind, um zwischen sehr klein und sehr groß mit Abstufungen unterscheiden zu können. Sie sind aber eben auch grob genug, um nicht eine Präzision vorzutäuschen, die illusionär wäre.

Auf der Ebene des Vermögens wurden fünf Gruppen unterschieden: Stiftungen mit einem angegebenen Vermögen unter 50.000 €, mit einem Vermögen zwischen 50.000 und unter 250.000 €, zwischen 250.000 und unter 500.000 €, zwischen 500.000 und 2.500.000 € sowie schließlich über 2.500.000 €.

Auf der Ebene der Ausgaben wurden sechs Gruppen gebildet: unter 5.000 € Ausgaben im Jahr, zwischen 5.000 und unter 50.000 €, zwischen 50.000 und unter 250.000 €, zwischen 250.000 und 500.000 €, zwischen 500.000 und unter 2.500.000 € sowie schließlich über 2.500.000 €.

Diese Einteilungen wurden im Folgenden beibehalten, was immer wieder Vergleiche zu den Werten MI 1996, MI 1998 und MI 2001 ermöglichen wird.

Die Grafik 6.1 gibt einen Globalüberblick der Verteilung der Vermögen deutscher Stiftungen auf die jeweiligen Vermögensgruppen im Vergleich zu MI Statistik 1998 und 2001. Die Datenbasis hat sich zwischen 1998 und 2006 von 2.776 Angaben auf 3.984 erhöht, ein prozentualer Anstieg um 40,4 Prozent, der relativ betrachtet allerdings einen Rückgang von 35,7 Prozent auf 32 Prozent der erfassten Stiftungen darstellt. Die Verbreiterung der Datenbasis um 1.121 Stiftungen mit erfasstem Vermögen bedeutet einschränkend, dass man dieser Grafik nicht entnehmen kann, dass sich das Vermögen der Stiftungen seit 1998 erhöht bzw. verringert habe. Denn dies würde voraussetzen, dass exakt nur die 2.776 Stiftungen, die 1998 in die Rechnung eingingen, 2001 und 2006 wieder ausgewertet würden. Dies ist leider nicht möglich. Die dargestellten Vermögensbewegungen haben also zwei distinkte Quellen: die interne Vermögensbewegung vorhandener Stiftungen und das Hinzukommen neu erfasster Stiftungen, die zum Teil auch neu gegründete Stiftungen sind.

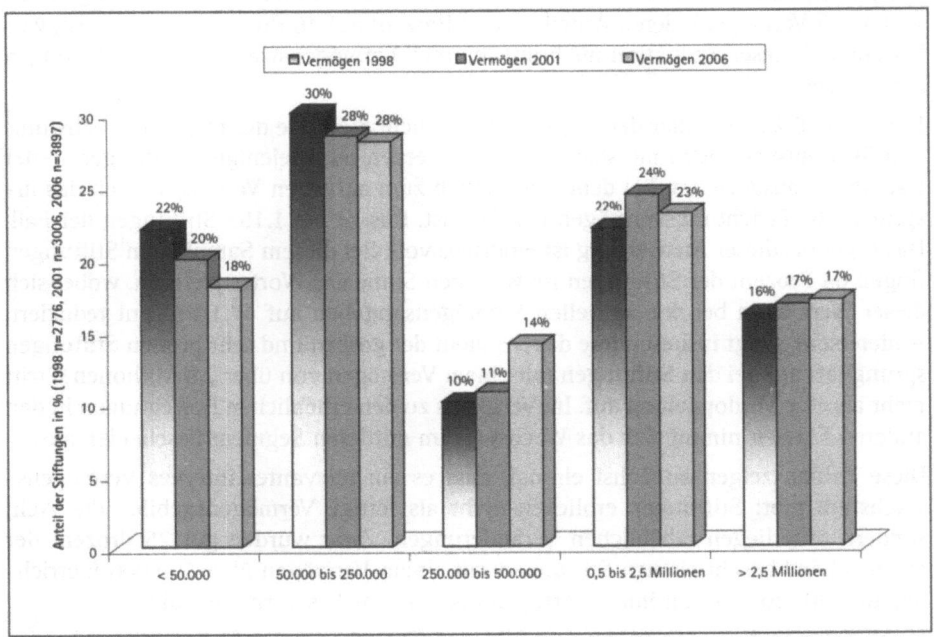

Grafik 6.1: Vermögen der deutschen Stiftungen (in €)

Zu erkennen ist, dass die Werte der Vermögensstrukturen des Stiftungswesens 1998, 2001 und 2006 nicht deckungsgleich sind. Die Abweichungen sind auf der Ebene der sehr kleinen (bis 50.000 €) und kleinen Vermögensstiftungen (bis 250.000 €) eindeutig. Deren Anteile sind seit 1998 um 4 Prozentpunkte bzw. 2 Prozentpunkte gesunken. Dafür ist das mittlere Segment (250.000 bis 500.000 €) um 4 Prozentpunkte angewachsen, wobei auffällig ist, dass 3 Prozentpunkte auf den Zeitraum seit 2001 entfallen. Bei den Werten für die Stiftungen mit Vermögen ab 500.000 € ist das Bild weniger einförmig: So ist der relative Anteil bei den Stiftungen zwischen 500.000 und 2.500.000 € im Jahr 2006 zwar höher als 1998, aber niedriger als 2001, und bei der Klasse ab 2.500.000 € liegt der Anteil 2006 höher als 1998, aber faktisch gleich hoch wie 2001.

Das bedeutet, dass ein nennenswerter Umbau der Vermögensstruktur im Stiftungswesen in den letzten zehn Jahren im unteren bis mittleren Segment stattgefunden hat. Das passt zu der Tatsache, dass die zusätzlichen Freibeträge im Rahmen der Stiftungssteuerrechtsreform deutlich unterhalb von 500.000 € liegen: Der erwähnte Anreiz von 307.000 € (600.000 DM) für den vermeintlichen klassischen Stifter führt genau in dieses Segment der mittleren Vermögensklasse.

Das trägt zwar nicht dazu bei, dass das deutsche Stiftungswesen durch große Stiftungen geprägt wird, reduziert aber das Gewicht der (ganz) kleinen Stiftungen (bis 250.000 € Vermögen), deren Anteil von 52 Prozent auf 46 Prozent gesunken ist, wobei ein Teil dieser Reduktion auch auf internes Vermögenswachstum bei Stiftungen zurückgeht.

Die Grafik 6.2 geht daher der Frage nach, ob nicht die Rolle des internen Wachstums von Stiftungsvermögen messbar ist. Hierzu werden nur diejenigen Stiftungen in der Datenbank ausgewertet, bei denen zusätzlich zum aktuellen Vermögen auch das ursprüngliche Errichtungsvermögen beziffert ist. Das ist bei 1.152 Stiftungen der Fall. Das Ergebnis dieser Auswertung ist eindrucksvoll. Bei diesem Sample von Stiftungen fingen 64 Prozent der Stiftungen im wahrsten Sinne des Wortes klein an, wobei sich dieser Wert dann bei den aktuellen Vermögensangaben auf 47,1 Prozent reduziert. Andererseits steigt insbesondere das Segment der großen und sehr großen Stiftungen sprunghaft an; bei den Stiftungen mit einem Vermögen von über 2,5 Millionen € tritt mehr als eine Verdoppelung auf. Im Vergleich zu den erheblichen Bewegungen in den anderen Klassen nimmt sich das Wachstum im mittleren Segment bescheiden aus.

Diese Zahlen zeigen zunächst einmal, dass es ein relevantes internes Vermögenswachstum gibt: Stiftungen erblicken nicht als fertige Vermögensgebilde die Welt, sondern unterliegen erheblichen Veränderungen. Zwar wurden gut 25 Prozent der entsprechend beschriebenen Stiftungen mit einem Vermögen über 500.000 € errichtet, aber 40 Prozent von ihnen verfügen über ein solches Vermögen aktuell.

Verbindet man diese Zahlen mit dem Bild, das die vorherige Grafik bot, fällt insbesondere die Unterschiedlichkeit ab dem mittleren Segment auf. Das deutliche Wachstum des mittleren Vermögenssegments, das sich dort zeigte, geht nur unterdurchschnittlich auf internes Vermögenswachstum zurück – was gut zu der Überlegung passt, dass sich hier eine Auswirkung der Steuerrechtsreform auf Neugründungen dokumentiert, welche für die überdurchschnittlichen Zuwächse verantwortlich zeichnet.

Ebenso zeigt sich, dass nach der relativen Stabilität bei den größeren Stiftungen in besonders starkem Maße das interne Wachstum eine Rolle spielt. Das bedeutet auch, dass man bei diesem Segment eine Zeitverzögerung in Rechnung stellen muss. Ob die Neugründungstätigkeit der letzten fünf Jahre so angelegt ist, dass daraus in den nächsten fünf Jahren ein höherer, niedrigerer oder identischer Anteil an größeren Stiftungen erwachsen wird, kann erst in einigen Jahren sichtbar werden.

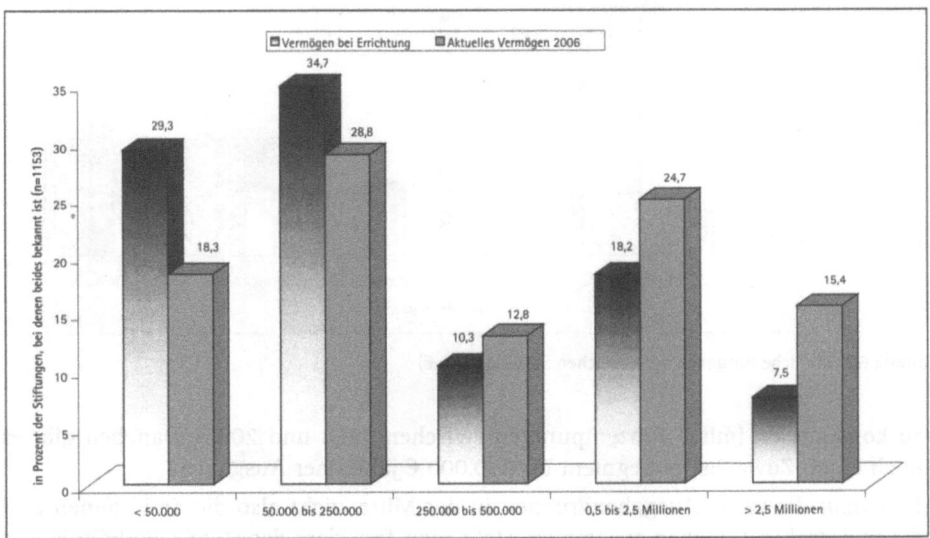

Grafik 6.2: Vermögen bei Errichtung versus aktuelles Stiftungsvermögen (in €)

Das Interesse an der Vermögensstruktur des deutschen Stiftungswesens speist sich nicht zuletzt daraus, ein Maß für die Leistungsfähigkeit dieses Segments zu erhalten. Ein anderes Maß für die Leistungsfähigkeit sind die jährlichen Ausgaben. Hierzu liegen für diese Auswertung 3.374 Angaben vor, gegenüber 2.272 Angaben bei der Auswertung 1998. Das bedeutet einen prozentualen Anstieg von 48,5 Prozent. Im Verhältnis zu allen erfassten Stiftungen bedeutet dies gleichwohl einen Rückgang der Quote von 30 Prozent in MI Statistik 1998 auf 27 Prozent. Es gilt hier daher analog das bei der Auswertung der Vermögensdaten Gesagte: man sieht keine ‚Entwicklung‘ zwischen 1998, 2001 und 2006. Besonders auf Fragebögen fehlen Präzisierungen des Ausgabenjahres; nicht immer ist ersichtlich, ob nur die direkten Zuwendungen an Destinatäre mitgeteilt werden (also zum Beispiel ohne mittelbare Kosten).

Die Grafik 6.3 dokumentiert mit diesen Einschränkungen global die Ergebnisse der Ausgabenauswertung. Das Bild ist uneinheitlicher als bei dem Vergleich zu den erläuterten Vermögensgrafiken. Der größte Zuwachs ist im Bereich von 5.000 bis 50.000 €

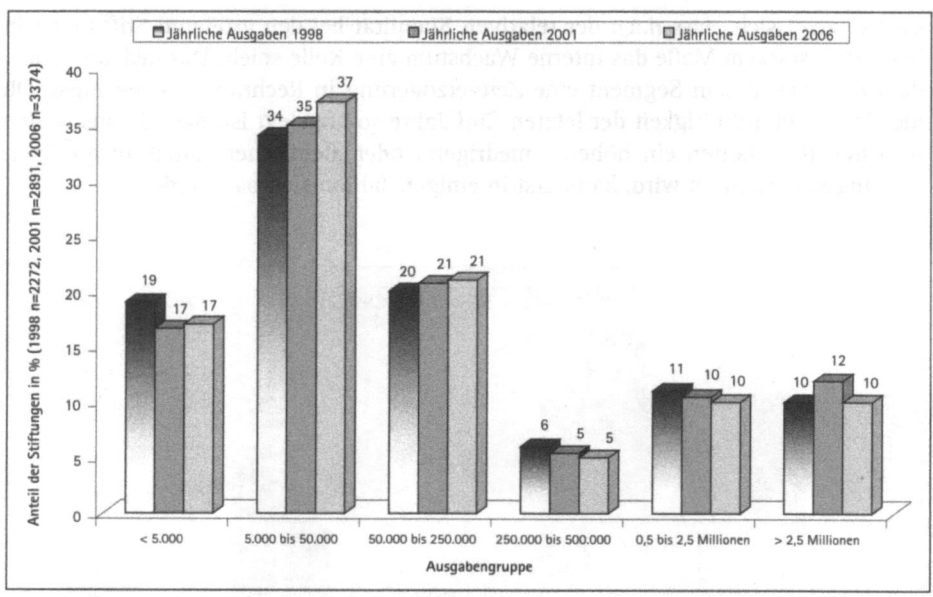

Grafik 6.3: Jährliche Ausgaben der deutschen Stiftungen (in €)

zu konstatieren (mit 3 Prozentpunkten zwischen 1998 und 2006). Daneben gibt es noch einen Zuwachs im Segment bis 250.000 € jährlicher Ausgaben.

Teilt man die sechs Ausgabengruppen in der Mitte, zieht also die drei kleinen und die drei großen Gruppen zusammen, stellt man fest, dass das stabile Verhältnis von 73 Prozent zu 27 Prozent, das sowohl 1998 als auch 2001 bestand, einem Wachstum zulasten der höheren Ausgabenklassen gewichen ist: 75 Prozent der Stiftungen liegen 2006 unterhalb von 250.000 € jährlich, 25 Prozent darüber.

In MI Statistik 2001 hatte ich die Vermutung geäußert, dass es eine Ausgabenzweiteilung im Stiftungswesen gebe. Diese drückt aus, dass im oberen Ausgabensegment überproportional viele gebührenorientierte Stiftungen, im unteren Bereich überproportional vermögens- oder spendenorientierte Stiftungen zu finden sind. Eine entsprechende empirische Untersuchung könnte damit von der These ausgehen, dass die jeweiligen scheinbar gleichgerichteten Ausgabenbewegungen im unteren wie im oberen Segment ganz unterschiedliche Gründe haben: im unteren Segment sind sie wahrscheinlich Ausdruck eines grundsätzlichen, durchschnittlichen Vermögensanstiegs im Stiftungswesen, im oberen Segment hingegen vor allem Ausdruck einer nominellen oder reellen erhöhten Mittelzufuhr über Gebühren für Dienstleistungen. Zu dieser Überlegung passt, dass das überproportionale Wachstum im mittleren Vermögenssegment einhergeht mit einem Wachstum in der Ausgabengruppe bis 50.000 €. Stiftungen, die über ein Vermögen bis 500.000 € verfügen UND ihre Ausgaben im

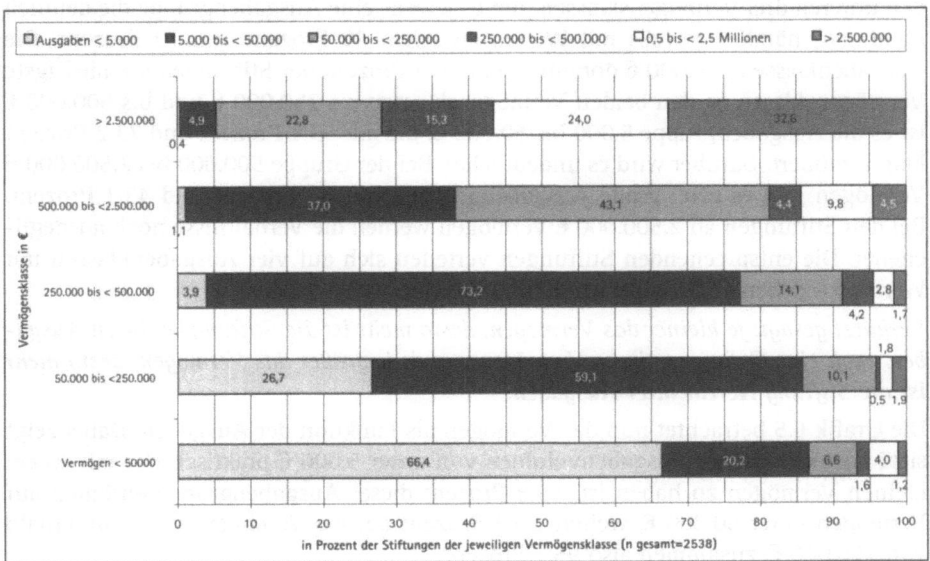

Grafik 6.4: Relation Vermögen – Ausgaben in 2006

Wesentlichen aus den Vermögenserträgen bestreiten, finden sich in der Ausgabengruppe von 5.000 bis 50.000 € wieder.

Dem damit angesprochenen Verhältnis von Ausgaben und Vermögen und umgekehrt gehen die nächsten beiden Grafiken nach, indem diejenigen Stiftungen analysiert werden, bei denen sowohl Ausgaben, als auch Vermögen bekannt sind. Dies ist bei 2.538 Stiftungen der Fall. Die Grafik 6.4 über die Relation Vermögen – Ausgaben stellt dar, wie viel Prozent der Stiftungen innerhalb einer Vermögensklasse in welche Ausgabengruppe fallen. So kann man dort sehen, dass 66,4 Prozent der Stiftungen mit einem Vermögen unter 50.000 € weniger als 5.000 € im Jahr ausgeben, 26,7 Prozent zwischen 5.000 und 50.000 € usw. Die Grafik 6.5 (Relation Ausgaben – Vermögen) dreht das Ganze dann um. Auf ihr kann man erkennen, dass 59,8 Prozent der Stiftungen, die weniger als 5.000 € ausgeben, über ein Vermögen unter 50.000 € verfügen, 35,3 Prozent über ein Vermögen zwischen 50.000 und 250.000 € usw.

Die Grafik 6.4 zeigt Zusammenhänge zwischen der Höhe des Vermögens und der Höhe der Ausgaben auf. So gehören 86,6 Prozent der Stiftungen aus dem kleinsten Vermögenssegment auch zu den beiden kleinsten Ausgabengruppen. Am anderen Ende der Vermögensleiter, bei Stiftungen mit mehr als 2.500.000 € Vermögen, gehören 56,6 Prozent zu den oberen beiden Ausgabengruppen mit Ausgaben von mindestens 500.000 € im Jahr.

Allerdings fällt auf, dass dieser Schluss vom Vermögen auf die Ausgaben umso zielsicherer ist, je kleiner das Vermögen ist, und um so ungenauer, je größer. Nur bei den unteren drei Vermögensklassen gibt es jeweils eine Ausgabengruppe die deutlich dominiert, nämlich jeweils mit Werten zwischen 59 Prozent und 73 Prozent. Die Ausgabenklasse bis 5.000 € dominiert mit 66,4 Prozent der Stiftungen die niedrigste Vermögensklasse, in den beiden Vermögensklassen bis 250.000 € und bis 500.000 € ist es die Ausgabengruppe 5.000 bis 50.000 €, die mit 59,1 Prozent und 73,2 Prozent klar dominiert. Darüber wird es undeutlicher. Bei der Gruppe 500.000 bis 2.500.000 € Vermögen gibt es zwei große Ausgabengruppen mit 37 Prozent und 43,1 Prozent. Bei den Stiftungen ab 2.500.000 € Vermögen werden die Verhältnisse noch ausgeglichener. Die entsprechenden Stiftungen verteilen sich auf vier Ausgabenklassen mit Werten zwischen 15,3 Prozent und 32,6 Prozent.

Verkürzt gesagt: je kleiner das Vermögen, desto mehr ist die Stiftung bei ihren Ausgaben auch eine Gefangene ihres Vermögens; und: je größer das Vermögen, desto mehr ist die Stiftung Herrin ihrer Ausgaben.

Die Grafik 6.5 betrachtet nun das Vermögen als Funktion der Ausgaben. Dabei zeigt sich, dass ein kleines Ausgabenvolumen von unter 5.000 € praktisch nur mit einem kleinen Vermögen zu haben ist: 59,8 Prozent dieser Ausgabengruppe entfallen auf Vermögen unter 50.000 €, weitere 35,3 Prozent auf die Vermögensklasse unterhalb von 250.000 €, zusammen also 95,1 Prozent.

Das Umgekehrte ist allerdings nicht im gleichen Maße wahr. Vielmehr ist das Phänomen der *vermögenslosen* oder – armen Stiftung mit *hohen* Ausgaben deutlich erkennbar. Immerhin 8,1 Prozent der Stiftungen, die mehr als 2.500.000 € im Jahr ausgeben, und 12,8 Prozent der Stiftungen, die zwischen 500.000 € und 2.500.000 € ausgeben,

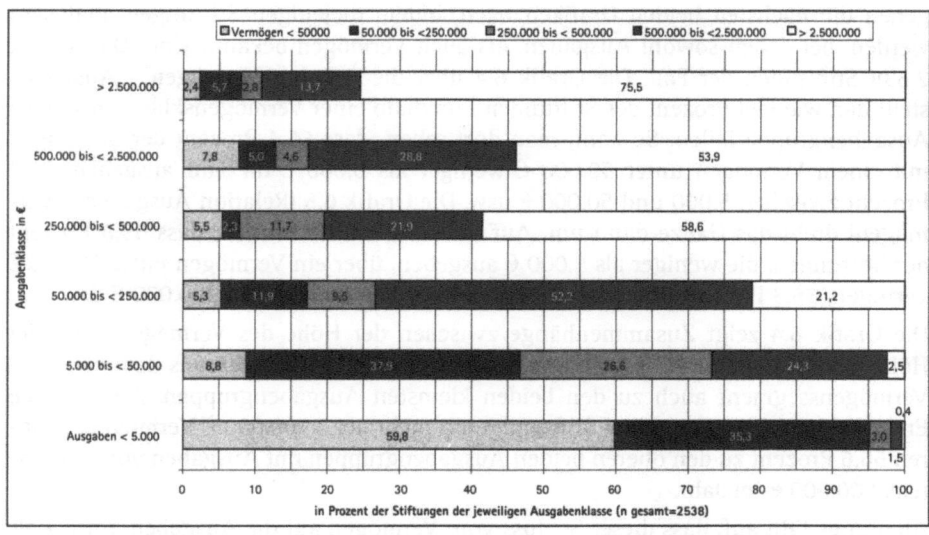

Grafik 6.5: Relation Ausgaben – Vermögen in 2006

verfügen über ein Vermögen von weniger als 250.000 €. Bei der Kategorie der Stiftungen mit Ausgaben über 2.500.000 € verhält es sich bei 24,5 Prozent der Stiftungen offensichtlich so, dass die Ausgaben nicht Resultate einer Vermögensrendite sein können. Denn auf diese Zahl summieren sich die Stiftungen, deren Vermögen unterhalb von 2.500.000 € liegen, die also niedriger sind als ihre jährlichen Ausgaben. Angemerkt sei zudem, dass natürlich bei der Grenze von 2.500.000 € nicht das Reich der großen Vermögensstiftungen anfängt, die alle locker mehr als 2,5 Millionen Euro aus Vermögen generieren.

Die Grafik 6.5 zeigt noch etwas anderes, nämlich: Je höher die Ausgaben, desto erwartbarer ist es auch, dass das Vermögen hoch ist. Ab einer Ausgabenhöhe von 250.000 € gilt, dass (je nach Gruppe) zwischen 80,5 Prozent und 89,2 Prozent der Stiftungen mindestens über ein Vermögen oberhalb von 500.000 € verfügen.

Was bedeuten diese Beobachtungen? Das wird schlagartig klar, wenn man bei der höchsten Ausgabengruppe das Verhältnis zwischen Stiftungen mit einem Vermögen unterhalb von 50.000 € und einem Vermögen zwischen 500.000 und 2.500.000 € vergleicht. In beiden Fällen ist offensichtlich, dass die Ausgaben nicht aus einer Vermögensrendite bestritten werden können. In beiden Fällen stammt die Hauptfinanzierung der Ausgaben aus anderen Quellen; gleichwohl ist das Verhältnis zwischen beiden Vermögensklassen fast 6:1 in der Ausgabengruppe zugunsten des größeren Vermögens.

Mit anderen Worten: Obgleich die Höhe der Ausgaben nicht aus der Höhe des Vermögens folgen kann, steigen die Vermögen in Relation zu den Ausgaben – *je höher die Ausgaben, desto höher das Vermögen*. Diese Relation lässt sich volkstümlich so ausdrücken: *Wem gegeben werden soll, der muss haben.* Auch deshalb bleiben Stiftungen mit geringer Vermögensausstattung bei ihren Ausgaben Gefangene ihres geringen Vermögens.

Die Höhe und die interne Relation von Vermögen und Ausgaben, wie eben betrachtet, sind wichtige Dimensionen bei der Beschreibung der Strukturen des Stiftungswesens. Vermögen und Ausgaben können aber noch in anderer Hinsicht untersucht werden, nämlich in Zusammenhang mit anderen zentralen Aspekten des Stiftungswesens wie den Stiftungszwecken, den Stiftertypen oder den Förderarten.

Auf den Grafiken 6.6 und 6.7 geht es um das Verhältnis von Vermögen bzw. Ausgaben zu Stiftertypen. Bei 3.272 Angaben zu Stiftertypen finden sich zugleich Angaben zum Vermögen der Stiftung, bei den Ausgaben ist der Wert 2.928. Auf den beiden Grafiken werden die Prozentangaben jeweils zurückbezogen auf die Gesamtzahl der vom Stiftertypus errichteten Stiftungen, von denen zugleich Vermögen oder Ausgaben bekannt sind. So entfallen 14,8 Prozent der von natürlichen Stiftern errichteten Stiftungen auf die Vermögensklasse über 2.500.000 €.

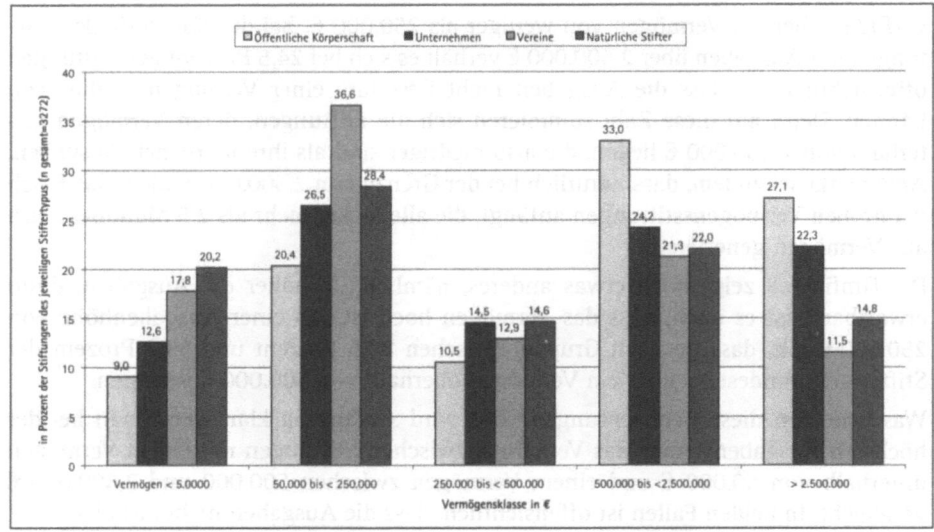

Grafik 6.6: Stiftertypus und Vermögensklassen in 2006

Betrachtet man die Grafik 6.6 zum Verhältnis zwischen dem Stiftertypus und der Vermögensausstattung, dann ist offensichtlich, dass sowohl die natürlichen Stifter (48,6 Prozent) als auch die Vereine (54,4 Prozent) als Stifter in den unteren beiden Vermögenssegmenten besonders aktiv sind, also unterhalb von 250.000 €. Unternehmen, und noch viel deutlicher öffentliche Körperschaften, stiften hauptsächlich oberhalb der 500.000 €, die öffentlichen Körperschaften mit 60,1 Prozent und die Unternehmen mit 46,5 Prozent. Diese Zweiteilung macht sich dabei am deutlichsten im Segment ab 2.500.000 € bemerkbar.

Die Grafik 6.7 modifiziert das Bild dieser Zweiteilung. Tatsächlich kann man bei den Ausgabenklassen von einer tendenziellen Zweiteilung in Stiftungen sprechen, die von natürlichen Stiftern, und solchen, die von Körperschaften begründet werden. Teilt man die sechs Ausgabenklassen in zwei Hälften, so befinden sich 81 Prozent der von natürlichen Stiftern gegründeten Stiftungen in der unteren Hälfte, aber nur zwischen 61 Prozent und 68 Prozent der Stiftungen, die von Vereinen, öffentlichen Körperschaften oder Unternehmen errichtet wurden.

Diese Verschiebung beim Stiftertypus Verein, der auf der Ebene des Vermögens scheinbar dem Typus natürlicher Stifter gleicht, auf der Ebene der Ausgaben hingegen den anderen Körperschaften, geht mit einem singulären Phänomen einher: Vergleicht man die Vermögensgruppe ab 500.000 € mit derjenigen der Ausgabengruppe ab 500.000 €, so sinkt der relative Anteil beim Stiftertypus öffentliche Körperschaft von 60,1 Prozent auf 32,9 Prozent, bei Unternehmen von 46,5 Prozent auf 23,6 Pro-

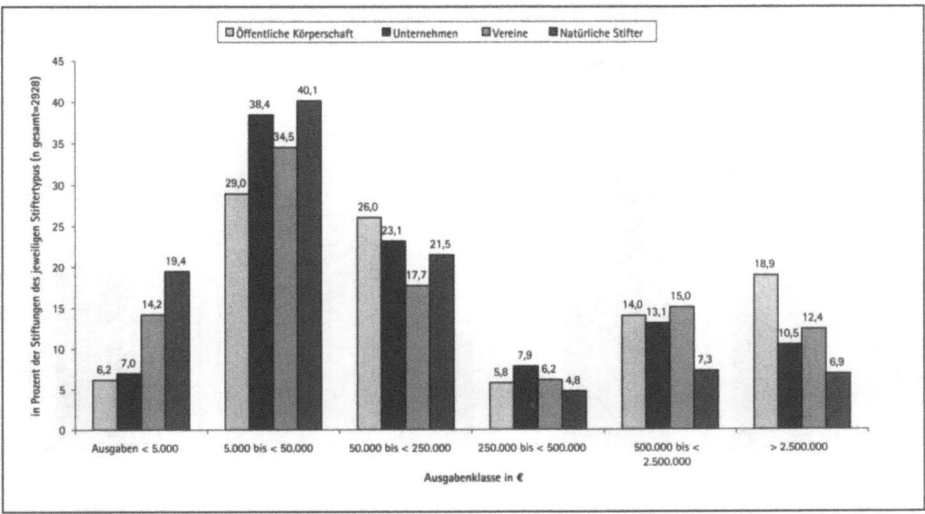

Grafik 6.7: Stiftertypus und Ausgabenklassen in 2006

zent und bei den natürlichen Stiftern von 36,8 Prozent auf 14,2 Prozent. Dieser relative Schwund verdankt sich der Tatsache, dass viele derjenigen Stiftungen, die überwiegend aus ihrem Vermögen wirtschaften, sich entsprechend nicht in den beiden höchsten Ausgabenklassen halten können. Ganz anders sieht das bei den Vereinen als Stiftern aus: hier sinkt der relative Anteil lediglich von 32,8 Prozent auf 27,4 Prozent. Das ist ein deutliches Indiz für einen überproportionalen Anteil an Stiftungen, die von vornherein gebühren- bzw. spendenorientiert sind.

Der Stiftertypus korreliert also erstens mit der durchschnittlichen Höhe der Vermögensausstattung, zweitens mit der durchschnittlichen Ausgabenhöhe und schließlich drittens mit der Relation von Vermögen und Ausgaben.

Auf den beiden folgenden Grafiken 6.8 und 6.9 geht es um das Verhältnis von Ausgaben bzw. Vermögen und Errichtungsjahr, also dem Alter einer Stiftung. Hierzu wurden fünf Zeiträume gebildet: vor 1949, ab 1949 bis 1979, 1980 bis 1989, 1990 bis 1999 und 2000 bis 2005. Der erste Zeitraum enthält also alle Stiftungen, die vor der Gründung der Bundesrepublik errichtet wurden und noch fortbestehen; der zweite Zeitraum gehört zur Bundesrepublik, liegt aber vor dem Beginn des Stiftungsbooms in den 1980er Jahren, den der dritte Zeitraum zusammenfasst. Zeitraum 4 wiederum bildet die Zeit seit der Wiedervereinigung bis zur Stiftungssteuerrechtsreform ab, die fünfte Phase die Zeit seitdem. Für das Thema ‚Errichtungsjahr und Vermögen' stehen insgesamt Angaben von 3.825 Stiftungen zur Verfügung, für den Bereich ‚Ausgaben' 3.326 Angaben.

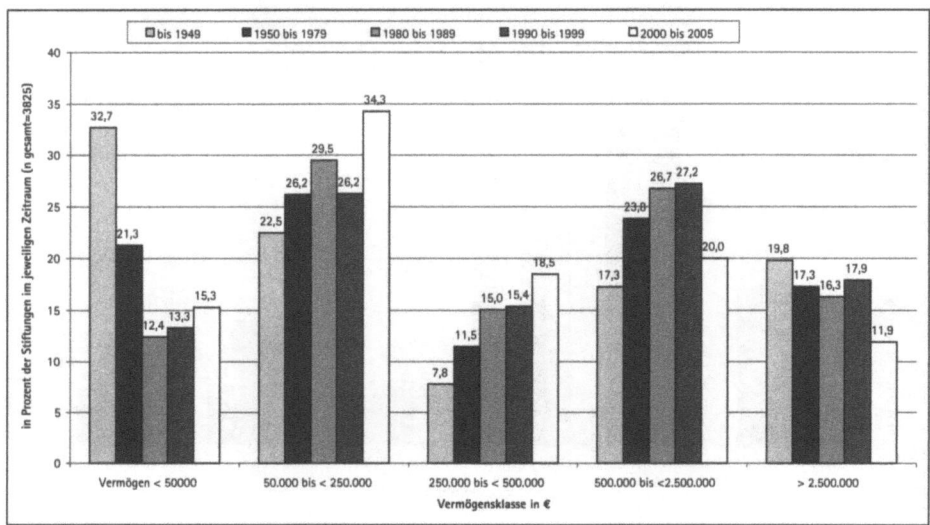

Grafik 6.8: Errichtungsjahr und Vermögen

Die Grafik 6.8 zeigt: Bei den vor 1949 gegründeten Stiftungen ist der Anteil derjenigen Stiftungen am höchsten, die mit einem Vermögen unterhalb von 50.000 €
ausgestattet sind. Obgleich Grafik 6.3 gezeigt hatte, dass es gerade vom Errichtungsvermögen bis zu späteren Werten zu merklichen Vermögenserhöhungen kommt, ist
dies offenkundig kein Selbstläufer im Sinne eines sich stetig und selbständig vermeh-
renden Vermögens.

Insgesamt ist erkennbar, dass sich das Vermögensschwergewicht bei den Stiftungen,
die seit 1980 gegründet wurden, in die Segmente 50.000 bis 250.000 € und 250.000
bis 500.000 € verlagert hat (41,9 Prozent der Stiftungen aus den Jahren 1980–1989,
39,5 Prozent der Stiftungen 1990–1999 und 49,6 Prozent der Stiftungen seit 2000),
während die Stiftungen aus den Zeiträumen davor ihren Schwerpunkt in den beiden
kleinsten Segmenten finden (55,2 Prozent der Stiftungen errichtet vor 1949, 47,5 Prozent für die Stiftungen von 1950–1979). Diese Aussage gilt wahrscheinlich auch für
das Vermögenssegment 500.000 bis 2.500.000 €, wenn man unterstellt, dass es allein
dem Zeitfaktor geschuldet ist, dass hier bei den ganz neuen Stiftungen erst 20 Prozent angesiedelt sind. Möglich ist aber auch, dass die steuerlichen Veränderungen
im Jahr 2000 zu einer Orientierung auf mittlere Vermögensausstattungen geführt
und diesen Bereich so nachhaltig gestärkt haben, dass das relative Gewicht großer
Stiftungsneugründungen sinkt. Erst für das Segment ab 2.500.000 € Vermögen kann
man – wieder mit Ausnahme der ganz jungen Stiftungen – feststellen, dass es keine
so ausgeprägten Unterschiede gibt, wie bei den anderen Vermögenssegmenten.

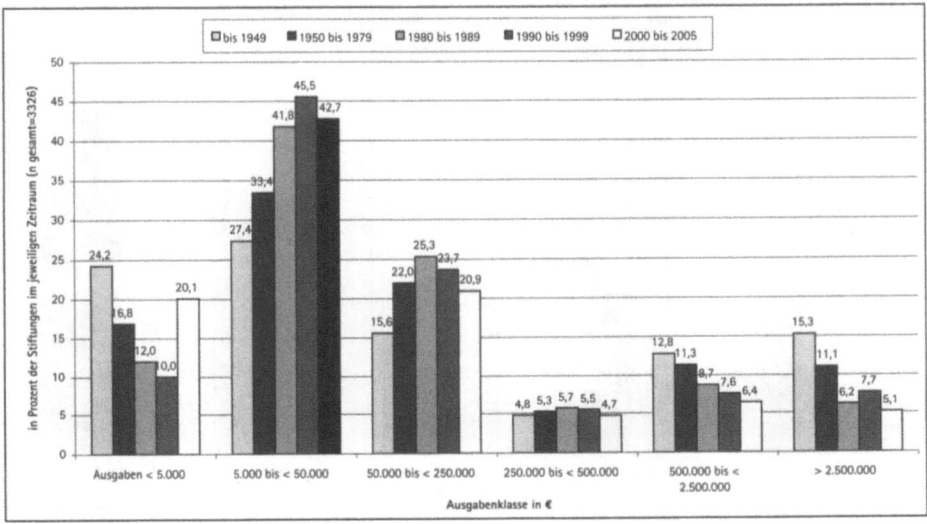

Grafik 6.9: Errichtungsjahr und Ausgabenklassen

Bei einer gemeinsamen Betrachtung der beiden höchsten Segmente erhält die These, dass hier eine steuerliche Lenkungswirkung hin zu einer vermehrten Errichtung mittlerer Stiftungen präsent ist, eine stärkere Plausibilität. Der Abstand zwischen 31,9 Prozent bei den Stiftungen seit 2000 zu 45,1 Prozent Anteil bei den Stiftungen, die zwischen 1990 und 1999 errichtet wurden, ist doch so erheblich, dass man daran zweifeln kann, dass aus dem Bestand an errichteten Stiftungen solch ein internes Wachstum stattfinden wird, um diese Lücke zu schließen.

Unterstrichen sei an dieser Stelle, dass der Anteil an größeren Vermögen prozentual in der Datenbank überproportional vertreten ist, man mit diesen Prozentsätzen also nicht auf das ganze Stiftungswesen hochrechnen kann.

Im Bereich der Ausgaben treffen einige der gerade getroffenen Aussagen zu. Die Schwerpunktverlagerung ist wiederzuerkennen und spielt sich diesmal in den Ausgabenklassen 5.000 € bis 250.000 € ab. Das abweichende Verhalten der Stiftungen aus den letzten Jahren ist ebenso deutlich zu sehen, wie die Tatsache, dass das niedrigste Ausgabensegment bei den Altstiftungen die höchste Bedeutung hat. Ein Unterschied ist aber genauso deutlich: In den Ausgabenklassen ab 500.000 € gilt im Wesentlichen, dass mit dem Alter der Anteil solcher Stiftungen wächst. Es scheint fast so, als ob sich Dauerhaftigkeit nicht nur mit hoher Vermögens- bzw. Ausgabengröße gut verträgt, sondern ebenso sehr mit der besonderen Kleinheit, die in historischen, häufig unwegsamen Zeiten ein Überwintern in der Nische der relativen Bedeutungslosigkeit ermöglichte.

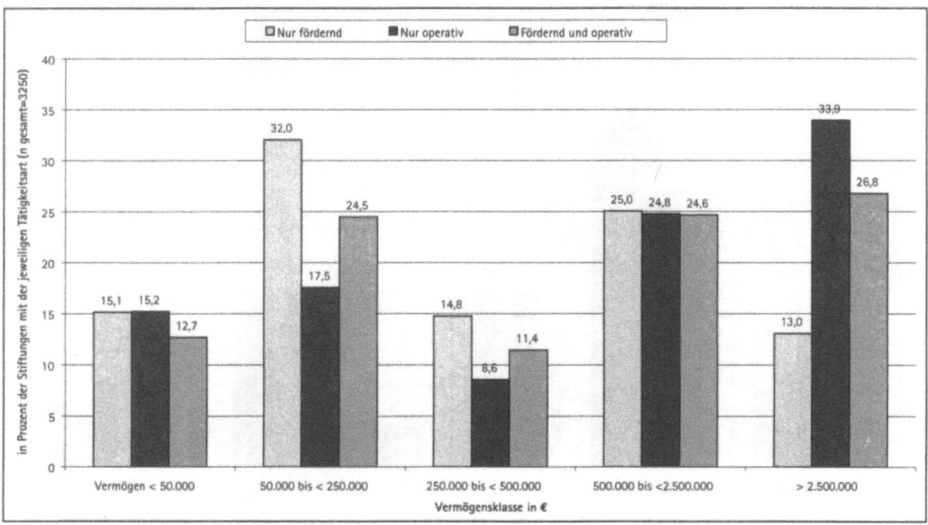

Grafik 6.10: Tätigkeitsart und Vermögen in 2006

Bei 3.250 Stiftungen liegt mit den Angaben zum Vermögen auch eine Bestimmung über die Tätigkeitsart vor, d. h. darüber, ob diese Stiftung fördernd oder operativ oder beides zugleich ist. Ebenso ist dies bei 3.178 Stiftungen mit Angaben zu den Ausgaben der Fall.

Es ist erkennbar, dass die reinen Förderstiftungen im Vergleich zu Stiftungen, die nur bzw. auch operativ tätig sind, vermögenstechnisch anders aufgestellt sind. 32 Prozent der reinen Förderstiftungen sind im zweitkleinsten Vermögenssegment beheimatet, 33,9 Prozent der erfassten operativen Stiftungen dagegen im höchsten Segment. Vergleicht man die Zahlen mit denen aus dem Jahr 2001, tritt eine Veränderung manifest zu Tage: In den Auswertungen MI Statistik 2001 waren 55 Prozent der reinen Förderstiftungen in den unteren beiden Gruppen angesiedelt, heute sind es nur noch 47,1 Prozent. Am meisten profitieren das Segment 250.000 bis 500.000 € Vermögen mit 3,8 Prozentpunkten und das höchste Segment mit 2,8 Prozentpunkten. Bei den anderen Tätigkeitsarten sind solche relevanten Verschiebungen nicht zu konstatieren. *Vor dem Hintergrund der bisherigen Analysen bedeutet das, dass die Verschiebung hin zu einer mittleren Vermögensausstattung insbesondere durch die entsprechende Neuerrichtung und Weiterentwicklung fördernder Stiftungen bewirkt wird.*

Allerdings hat diese Verschiebung keine signifikante Auswirkung auf das Ausgabenprofil. So gaben nach MI Statistik 2001 66,3 Prozent der Förderstiftungen weniger als 50.000 € im Jahr aus, jetzt sind es 67 Prozent. Für Projekte wie Personen, die via Antrag, Bittbrief oder persönlichem Gespräch von Seiten einer Stiftung einen Förderbetrag zu erhalten hoffen, gehört dies ohne Zweifel zu den unangenehmen Botschaften solcher Auswertungen. Das deutsche Stiftungswesen ist gerade im Bereich

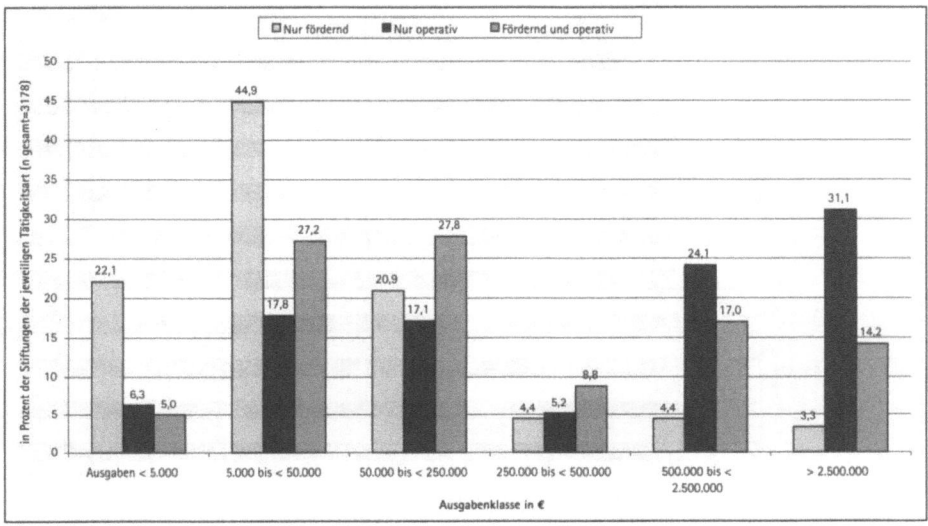

Grafik 6.11: Tätigkeitsart und Ausgaben in 2006

der Förderstiftungen seiner Struktur nach auf Ausgabenebene klein. Hinzu kommt, dass die Wachstumsprozesse bei allen Stiftungen im Vermögensbereich ausgeprägter als im Ausgabenbereich sind. Damit bleibt auch das grundsätzliche Bild gleich: nämlich dass der Abstand in den hohen Ausgabenklassen zwischen operativen und fördernden Stiftungen deutlich ausgeprägter ist als in den hohen Vermögensklassen. Während 55,2 Prozent der operativen Stiftungen in den beiden Ausgabenklassen ab 500.000 € angesiedelt sind, ist dies nur bei 7,7 Prozent der fördernden Stiftungen der Fall – in den beiden höchsten Vermögensklassen fällt diese Differenz viel niedriger aus, d. h. 48,7 Prozent operative Stiftungen vs. 38 Prozent fördernde Stiftungen. Das weiter oben beobachtete Phänomen, dass viele Stiftungen mit durchaus größerem Vermögen Ausgaben generieren, die mögliche Erträge aus dem Vermögen erheblich übersteigen, geht in erheblichem Maße auf das Konto operativer Stiftungen, die als Behinderteneinrichtung, Krankenhaus usw. Gebühren und Zuwendungen umsetzen.

Eine weitere interessante Korrelation ist die zwischen Zweckbereich und Vermögens- und Ausgabengröße. Über alle Stiftungen, von denen Vermögen oder Ausgaben bekannt sind, liegt über den Zweckbereich mindestens eine Angabe vor. Bei der folgenden Auswertung werden die Mehrfachnennungen ohne Gewichtungen berücksichtigt, wobei auf den folgenden beiden Grafiken ausschließlich jene Zweckbereiche dargestellt werden, zu denen mehr als 100 Vermögens- bzw. Ausgabenangaben vorhanden sind. Bei den Vermögen reicht die entsprechende Spannweite von 194 bis 1.807 Angaben, bei den Ausgaben von 146 bis 1.647 Angaben je nach Zweckbereich.

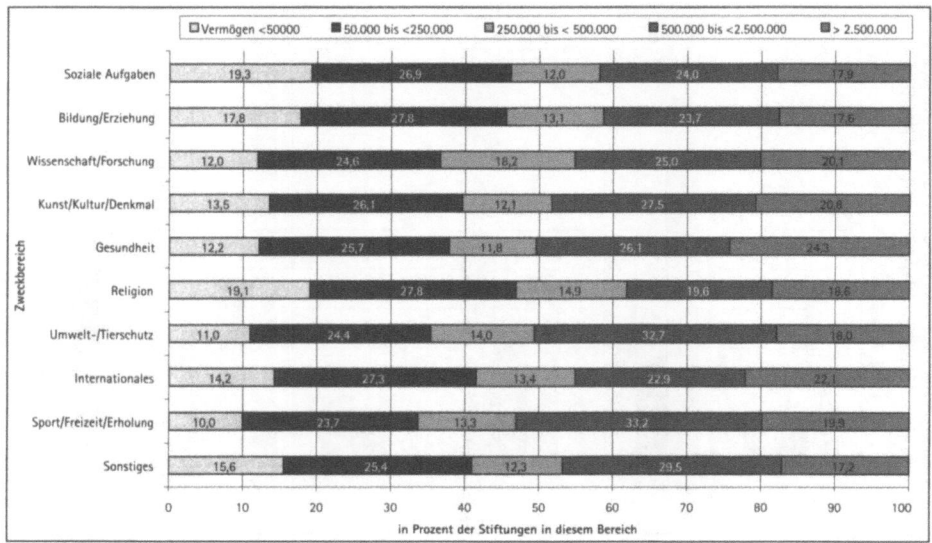

Grafik 6.12: Vermögen (in €) und Zweckbereiche, nur ab 100 Angaben, 2006

Auf beiden Grafiken ist sofort erkennbar, dass die Vermögensausstattung und die Ausgabenhöhe je nach Zweckbereich erheblich variieren.

Addiert man die unteren beiden Vermögensklassen, so reicht die Spannweite von 33,7 Prozent Kleinstiftungen im Zweckbereich Sport bis 46,9 Prozent im Bereich Religion. In den beiden Segmenten mit Stiftungen ab 500.000 € Vermögen wiederum reicht die Spannweite von 38,2 Prozent im Segment Religion bis 53,1 Prozent im Bereich Sport. Werte über 50 Prozent erreichen auch die Zweckbereiche Umwelt-/Naturschutz sowie Gesundheit. Die merklichste Verschiebung über alle Zweckbereiche fand im mittleren Vermögenssegment statt. Die Spannweite betrug hier in MI Statistik 2001 7,4 Prozent bis 14,3 Prozent je nach Zweckbereich und liegt jetzt erhöht bei 11,8 Prozent bis 18,2 Prozent. Obwohl der Anteil dieses Segments in allen Zweckbereichen (mit Ausnahme des Sports) anwuchs, ist dieses Wachstum doch sehr unterschiedlich ausgeprägt. Am stärksten fällt er im Bereich Wissenschaft/Forschung aus, mit einem Sprung von 12,8 Prozent auf 18,2 Prozent und im Bereich Sonstiges von 7,4 Prozent auf 12,3 Prozent. Mehr als drei Prozentpunkte verzeichnen die Zwecke Religion, Umwelt-/Tierschutz und Internationales.

Bei den Ausgaben ergibt eine Halbierung der Tabelle in einen oberen und einen unteren Bereich, dass bis zu 250.000 € der Zweckbereich Internationales mit 59,4 Prozent am geringsten, die Bereiche Sport/Freizeit/Erholung hingegen mit 85,6 Prozent, Kunst/Kultur/Denkmalpflege mit 75,3 Prozent, Umwelt/Tierschutz mit 74,8 Prozent und Bildung/Erziehung mit 74,3 Prozent am häufigsten vertreten sind. Umgekehrt ist der obere Ausgabenanteil ab 250.000 € Jahresausgaben – neben dem Bereich Inter-

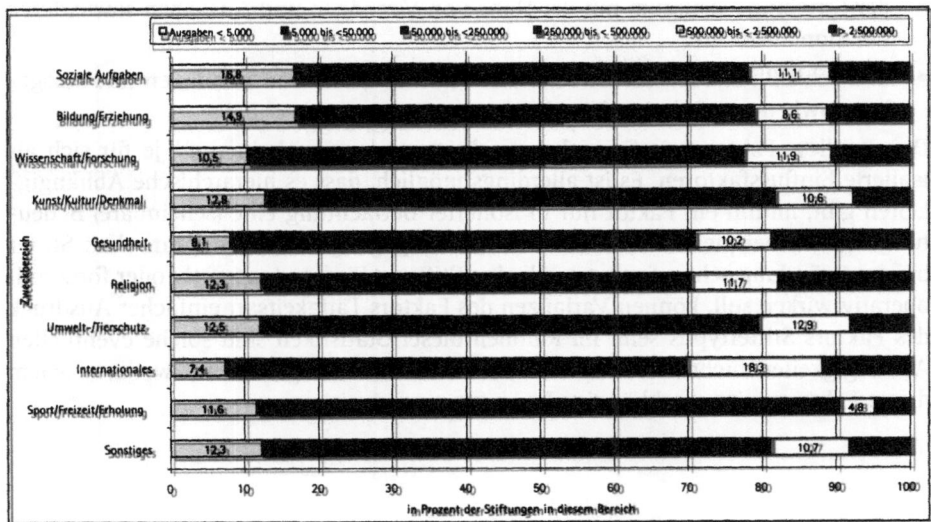

Grafik 6.13: Ausgaben (in €) und Zweckbereiche, nur ab mindestens 100 Angaben, 2006

nationales mit 40,6 Prozent – im Gesundheitsbereich mit 34,7 Prozent und im Segment Religion mit 35,2 Prozent vertreten. Alle anderen Bereiche zeigen Werte unter 30 Prozent. Im Vergleich zu MI Statistik 2001 nehmen in allen Zweckbereichen die Stiftungen mit geringeren Ausgaben prozentual zu, aber auch hier mit sehr großen Unterschieden. Während es sich hierbei um gut 1 Prozentpunkt in den Zweckfeldern Soziales und Wissenschaft/Forschung handelt, streuen die anderen Zwecke zwischen 2,3 und 8,1 Prozentpunkten.

Mit anderen Worten: Sowohl auf der Ebene der Vermögen wie der Ausgaben stellen sich die Strukturen, als auch deren Entwicklung im Stiftungswesen je nach Zweckbereich signifikant anders da.

Lässt man die verschiedenen Grafiken und Analysen Revue passieren, kann man feststellen, dass im Stiftungswesen

- die Vermögenshöhe nachweisbar mit der Ausgabenhöhe korreliert, allerdings stärker im Bereich der kleinen Vermögen;

- die Ausgabenhöhe mit der Vermögenshöhe korreliert, allerdings stärker im Bereich der großen Ausgaben;

- der Typus des Stifters nachweisbar mit der Hohe von Vermögen und Ausgaben sowie der Relation zwischen Ausgaben und Vermögen korreliert;

- die Tätigkeitsart mit der Höhe von Vermögen und Ausgaben sowie deren Relation korreliert;

- der Errichtungszeitraum mit der Höhe von Vermögen und Ausgaben sowie deren Relation korreliert;

- und schließlich auch der Zweckbereich mit der Höhe von Vermögen und Ausgaben sowie deren Relation korreliert.

Da alle diese Faktoren je für sich betrachtet wurden, erscheinen sie je für sich als isolierte Einflussfaktoren. Es ist allerdings möglich, dass es hierarchische Abhängigkeiten gibt, mithin ein Faktor nur in isolierter Betrachtung eine (scheinbare) Bedeutung hat. Da beispielsweise zumeist davon ausgegangen werden kann, dass Stifter bei der Gründung schon festlegen, ob eine Stiftung fördernd, operativ oder fördernd/operativ wirken soll, können Varianzen des Faktors Tätigkeitsart einfacher Ausdruck des Faktors Stiftertypus sein. Im Rahmen dieser Statistiken sind solche eventuellen Abhängigkeiten nicht zu klären. Insofern ist es berechtigt, bis auf weiteres jedem dieser Faktoren eine unabhängige Bedeutung zuzuweisen.

7 Zwecke des Stiftungswesens

Die Erfassung der Stiftungszwecke stellt die zentrale Kategorie für Aussagen über Stiftungstätigkeiten dar, und zwar ausgehend von der Idee einer vollständigen Erfassung der Zwecke aller Stiftungen. Daraus resultiert ein besonderes wissenschaftliches und publizistisches Interesse an diesen Daten, steht doch ansonsten zu gesellschaftlichen Teilbereichen selten mehr als eine halbwegs gesicherte repräsentative Teilmenge der Analyse zur Verfügung. Gerade deshalb ist bei der Kategorie der Zwecke und ihrer beschreibenden Erfassung genau die Reichweite der Aussagekraft zu klären (siehe unten Punkte b und c). Wegen des besonderen externen Interesses ist zugleich in besonderer Weise auf die Form der Datenauswertung und Datenpräsentation zu achten: selbst an sich betrachtet richtige Darstellungen können zwangsläufig falsche Aussagen in der Öffentlichkeit oder in der Wissenschaft über das Stiftungswesen provozieren, wenn sie am Bedarf der Interessenten vorbei produziert werden (Punkt a). Aus diesen Reflexionen werden dann Prinzipien und Möglichkeiten der Analyse abgeleitet, die unter Punkt d) resümiert werden. Erst danach können erste Grundauswertungen folgen, wobei in der einen oder anderen Weise die Zwecke als erhellende Bezugskategorie auch in anderen Abschnitten auftauchen. Insofern verdienen die folgenden Ausführungen besondere Beachtung.

a) Der lange Abschied von einer Tradition

Was will ein Journalist für einen Artikel, ein Wissenschaftler für seine Arbeit, ein Politiker für seine Rede wissen, wenn es darum gehen soll, in welchen Bereichen Stiftungen tätig sind? Er will die Anzahl der deutschen Stiftungen wissen, die im sozialen Bereich, im kulturellen Bereich usw. tätig sind, bzw. er will wissen, wie hoch der prozentuale Anteil dieser Stiftungen im Verhältnis zu allen Stiftungen ist. Das ist keine Vermutung, sondern permanente Erfahrung im Informationscentrum des Maecenata Instituts. Es soll eine Aussage der Form entstehen: „51,3 Prozent der deutschen Stiftungen sind im sozialen Bereich tätig..."

In MM Statistik 1996, MI Statistik 1998 und in BDS Statistik 2000 wird dem Leser nicht allein eine Antwort auf diese Frage verweigert; es wird ihm zugleich eine Art der Auswertung und Präsentation der Stiftungszwecke geboten, die als Antwort missverstanden werden kann.

Der Hintergrund des Dilemmas folgt aus dem Sachverhalt, dass viele Stiftungen mehrere Stiftungszwecke zugleich verfolgen. Jede Datenbankauswertung führt also dazu, dass die Anzahl der Stiftungszwecke erheblich über der Anzahl der Stiftungen liegt. Nun hat sich als Auswertungsverfahren bei den Institutionen, die solche Auswertungen vornehmen, über die Jahre als Prinzip etabliert, nicht die Stiftungen zur Bezugsgröße zu machen, sondern die Gesamtzahl aller erfassten Stiftungszwecke. Die

Aussage, die diese Darstellungen ermöglichen, lautet: „Der Anteil sozialer Zwecke an der Summe aller von Stiftungen verfolgten Zwecke beträgt 29,7 Prozent".

In einem wissenschaftlichen Aufsatz mag man solches noch finden können, aber hat irgendjemand solch eine Aussage schon einmal in einer Rede gehört oder in der Presse gelesen? Nein, dort wird dann aus einer an sich richtig zustande gekommenen Zahl die falsche Aussage, dass 29,7 Prozent der deutschen Stiftungen soziale Zwecke verfolgen würden – es sind aber über 50 Prozent deutscher Stiftungen, die dies tun. Statt einer Zitation entsprechender Publikationen, in denen die Autoren diesem Missverständnis aufsaßen, kann ich hierbei auf meine eigene Erfahrung zurückgreifen. Als ich 1998 die Zuständigkeit für die Datenbank und entsprechende Auswertungen übernahm, wurde mir erst nach einiger Zeit der Arbeit bewusst, dass die Prozentwerte auf Grafiken zu Stiftungszwecken gar nicht den Anteil der Stiftungen angaben – erst dann sah ich, dass Überschrift und Legende auch nie vorgaben, eine solche Zahl zu bieten. Bis dahin hatte ich jedoch schon einige Male an Dritte de facto unrichtige Auskünfte über die Struktur des Stiftungswesens in Deutschland gegeben.

Diese quasi systematische Produktion von Missverständnissen im öffentlichen Raum wäre nur dann zu rechtfertigen, wenn einem redlicher Weise keine andere Wahl bliebe. Tatsächlich ist solch ein Grund nicht zu sehen. Daher werden in diesen Statistiken, wie auch in MI Statistik 2001, Angaben zu den Zwecken grundsätzlich auf die Einheit Stiftung zurück bezogen. Auf diese Weise wird die oben genannte Frage: wie viele deutsche Stiftungen verfolgen soziale, wie viele kulturelle Aufgaben usw., auch beantwortet.

b)   Scheinbare Problemlosigkeit der Zweckekategorie

Auf den ersten Blick scheint die Kategorie der Zwecke recht unproblematisch zu sein. Die Zwecke sind in entsprechenden Satzungen niedergelegt, drücken einen bindenden Stifterwillen aus und brauchen nur abgeschrieben zu werden. Auch der Ersatz solcher Dokumente durch ausgefüllte Fragebögen, gedruckte oder im Internet publizierte Selbstdarstellungen usw. muss noch nicht wirklich als Problem erscheinen. Und auch die Schwierigkeit, dass die Bindung durch den Stifterwillen je nach konkreter Rechtsform unterschiedlich zwingend ist, soll an dieser Stelle außer Betracht bleiben. Bleibt immer noch die Frage, wie eigentlich aus der Vielzahl partikularer Wendungen in niedergelegten Stifterwillen Sammelkategorien gebildet werden können?

c) BDS Statistik 2000, Statistisches Bundesamt 2004: notwendige Kritik einer fehlerhaften Analyse

Das in der Datenbank des Maecenata Instituts realisierte Prinzip ist das der intellektuellen Indexierung, welches im Rahmen von regelmäßig durchgeführten Befragungen durch Rückmeldungen der Stiftungen kontrolliert wird. Auch die Datenbank beim BDS beruhte angesichts des gleichen Ursprungs darauf. Nun ist das Stiftungswesen bis auf wenige Prozentpunkte gemeinnützig und daher durch die Steuerungsfunktion der Abgabenordnung beeinflusst, was man schon dem Wortlaut sehr vieler neuer Stiftungen ansieht und was natürlich auch die Praxis der meisten Stiftungen determiniert. Daraus hat der BDS seit der Befragung 2000 den Schluss gezogen, bei der Zweckindexierung streng auf die Abgabenordnung abzustellen, also ein *verändertes* Erfassungsprinzip einzuführen. Abgesehen von den Pflegeproblemen solcher Daten folgt daraus, dass der in BDS Statistik 2000 vorgenommene Vergleich mit seinen 1997 und vorher ermittelten Zahlen nicht mehr möglich ist.

Gleichwohl wurde in BDS Statistik 2000 ein solcher Vergleich vorgenommen, der zudem durch unrichtige Bezeichnungen irreführend war. Diese haben später auch Eingang in das Statistische Jahrbuch 2004 des Bundesamtes für Statistik gefunden, das den Bundesverband Deutscher Stiftungen um entsprechendes Material gebeten hatte. Auf die Fehlerhaftigkeit und die Tatsache, dass diese schon seit mindestens drei Jahren öffentlich dargestellt worden war, habe ich das Bundesamt für Statistik hingewiesen. Aus dessen Reaktion musste ich entnehmen, dass es dort keine Qualitätskontrolle für Fremdmaterial gibt. Das ist um so ärgerlicher, als der Bundesverband Deutscher Stiftungen zu dieser Zeit schon die Notwendigkeit einer anderen Präsentation und Analyse seines Datenmaterials eingesehen und sich für eines meiner in MI Statistik 2001 vorgeschlagenen Verfahren – nämlich die gewichtete Fallzahlrechnung – entschieden hatte. Eine Qualitätskontrolle beim Bundesamt für Statistik hätte also zu einer entsprechenden Rückfrage beim BDS geführt, der daraufhin seinen Fehler problemlos hätte korrigieren können.

Da der infrage stehende Publikationszeitraum zeitlich noch so nahe liegt und entsprechende falsche Darstellungen in den Blick vieler Leser kommen können, aber auch weil der Stellenwert der Zweckkategorie zentral ist, bleibt die 2001 entwickelte Kritik instruktiv. Sie kann zugleich verdeutlichen, was wie über Zwecke ausgesagt werden kann und was nicht.

In BDS Statistik 2000 findet sich eine ausführliche tabellarische Gegenüberstellung, die hier in Auszügen wiedergegeben ist.[1]

---

1 Zahlen, Daten, Fakten zum deutschen Stiftungswesen /Susan Schimroszik, Ulrich F. Brömmling, Dagmar Löttgen [Redaktionelle Mitarbeit]; Gunda Sauerbrey [Projektleitung und Statistik], Bundesverband Deutscher Stiftungen e.V. [Hrsg.], 2. Aufl. <1. Aufl. 2000>, Darmstadt : Hoppenstedt, 2001, S. 26f.

Stiftungsschwerpunkte	Anzahl Stiftungen in 2000				Anzahl Stiftungen in 1997	
Jugendhilfe	1.282	7,15 Prozent				
Altenhilfe	1.931	10,77 Prozent				
Wohlfahrtswesen	842	4,70 Prozent				
Mildtätige Zwecke	1.094	6,10 Prozent				
Sonstige soziale Zwecke	444	2,48 Prozent				
Summe soziale Zwecke			**5.593**	**31,19 Prozent**	**3.532**	**31,02 Prozent**
Bildung und Erziehung	2.545	14,19 Prozent				
Summe Bildung und Erziehung			**2.545**	**14,19 Prozent**	**2.039**	**17,91 Prozent**
usw.						
Gesamt	**17.932**		**17.932**		**11.386**	

Liest man die Tabelle von rechts nach links, so fängt sie noch teilweise richtig an. Die Überschrift für die beiden rechten Spalten lautet: ‚Anzahl Stiftungen 1997'. Richtig ist diese Überschrift für die Spalte mit den absoluten Zahlenwerten: Laut Erfassungsstand 1997 des BDS verfolgten 3.532 Stiftungen soziale Zwecke, 2.039 Stiftungen Zwecke der Bildung und Erziehung usw. Falsch ist diese Überschrift für den Prozentwert. Der Prozentwert ergab sich in diesem Fall nämlich daraus, dass die Zahl 3.532 für soziale Zwecke in ein Verhältnis zur Gesamtheit aller Zwecke gesetzt wurde, also 1997 beim BDS der Wert 11.386 (während die damalige Zahl der statistisch zu berücksichtigenden Stiftungen bei 7.103 lag).

Betrachtet man nun die Spalten für die Auswertung 2000, so wird die Überschrift ‚Anzahl Stiftungen 2000' für die fettgedruckten Summierungen in beiden Spalten falsch – da diese Summierungen mit den Werten von 1997 verglichen wurden, wird zudem eine Vorstellung von Entwicklungen gegeben, die gar nicht stattgefunden haben. So erscheint es auf den ersten Blick so, als ob der prozentuale Anteil von Stiftungen im Bereich Bildung und Erziehung abgenommen hätte, und in der Einleitung zur Statistik wird darauf auch explizit als ein interessantes Resultat hingewiesen. Wie konnte es zu dieser Illusion bzw. Selbstillusionierung kommen?

Der Grund besteht in der veränderten Erfassungslogik bei der Befragung 1999/2000 mit dem Abstellen auf die Abgabenordnung, ohne dass dieser Veränderung bei der Auswertung Rechnung getragen wurde. So gab es nicht mehr einfach die Kategorie ‚Soziale Zwecke', sondern diese zerfiel nunmehr in fünf Erfassungsgruppen: Jugendhilfe, Altenhilfe usw. Die in diesen Teilgruppen angegebenen Zahlenwerte, also zum Beispiel 1.282 für Jugendhilfe, gaben nunmehr die Anzahl Stiftungen an, die lt. Erfassungsstand 2000 im Bereich Jugendhilfe tätig waren. Die daneben stehende Prozentzahl wiederum gibt nicht den Anteil an, den dieser (Teil-)Zweckbereich bezogen auf alle Stiftungen hat, sondern bezogen auf die Gesamtheit aller Stiftungszwecke, die mit 17.932 angegeben wird.

Da das Jahr 1997 so nicht erfasst wurde, steht in den entsprechenden Spalten kein Vergleichswert. Nun sollte aber mit 1997 verglichen werden. Dazu wurden dann alle Werte aus den sozialen Teilzweckbereichen summiert, wodurch als Summe 5.593 entsteht. Dieser Wert drückt aber eben nicht die Anzahl der Stiftungen aus, die soziale Zwecke verfolgen, denn die sozialen Zwecke Jugendhilfe, Altenhilfe usf. schließen sich nicht wechselseitig aus, d. h. es gibt eine Reihe von Stiftungen, die in mehreren oder all diesen Teilspalten vorkommen. *Der summierte Wert drückt also nicht die Anzahl von Stiftungen, sondern die Anzahl von Stiftungszwecken aus.* Diese Zahl hat also einen ganz anderen Inhalt als die vermeintliche Vergleichszahl von 1997: Die Summe des Jahres 2000 für ‚Soziale Zwecke' hat zum Inhalt die Anzahl der verfolgten Teilzwecke, die Zahl von 1997 hingegen hat zum Inhalt die Stiftungen, die soziale Zwecke verfolgen.

Doch nicht nur der Vergleich zu 1997 ist falsch, auch im Binnenvergleich der Zwecke für den Erfassungsstand 2000 darf man diese Summierungen nicht benutzen. Erkennbar wird dies am Binnenvergleich zum Zweckbereich ‚Bildung und Erziehung'. ‚Bildung und Erziehung' ist im Unterschied zu anderen Zweckbereichen keine Mehrfachkategorie. Im Unterschied dazu zerfallen die sozialen Zwecke in fünf Unterkategorien, ‚Wissenschaft und Forschung' in vier Unterkategorien. Das bedeutet aber, dass eine Sozialstiftung sich im Vergleich zu ‚Bildung und Erziehung' statistisch verfünffachen kann, eine Wissenschaftsstiftung vervierfachen usw. Für Auswertungen bleiben dann zwei Wege offen. Der erste Weg verzichtet auf Summenbildungen, d. h. man vergleicht die Anzahl Stiftungen, die Zwecke der Altenhilfe verfolgen, mit der Anzahl Stiftungen, die dies für Bildung und Erziehung tun. Will man, zum Beispiel um eine gewisse Vergleichbarkeit mit vorherigen Werten zu bewahren, solche Kategorien wie Jugendhilfe, Altenhilfe etc. zu Oberkategorien wie ‚Soziale Zwecke' zusammenfassen, dann muss man alle Mehrfachnennungen eliminieren, also erreichen, dass jede Stiftung nur einfach zählt. Beides wurde in BDS Statistik 2000 unterlassen, mit der Folge, dass alle auf die genannten Tabellen bezogenen Auswertungen falsch sind. Entsprechend verlieren auch eine Reihe von Aussagen ihre argumentative Grundlage, wie zum Beispiel die in der Einleitung der BDS Statistik 2000 zu findende These, dass „sich der Bereich von Bildung und Erziehung mit einem Minus von über 20 Prozent" verlustreich zeige.[2] Auch die Aussage, dass sich der Bereich von Stiftungen mit sozialen Zwecksetzungen anteilig knapp vergrößert habe, verliert ihre argumentative Grundlage.[3]

d) Verfolgbare Analysestrategien: ein Resümee

Vor dem Hintergrund der bisherigen Betrachtungen lassen sich mehrere Prinzipien und Analysewege ableiten.

---

2   BDS Statistik 2000, S. XII f.
3   Ebd.

1. Grundsätzlich ist die beste letzte Bezugsinstanz bei Auswertungen die Einheit Stiftung, denn nach dieser wird typischerweise gefragt. Die Bildung virtueller Gesamtmengen, wie etwa die Menge aller Stiftungszwecke, führt nicht allein Dritte in die Irre, sondern offensichtlich allzu leicht auch diejenigen, die solche Mengen bilden. Grundsätzlich werden die Zahlen in der vorliegenden Statistik auf die Einheit Stiftung zurückbezogen, alles andere wird explizit als Ausnahme gekennzeichnet.

2. Bei Zeitvergleichen ist auf die qualitative Vergleichbarkeit zu achten, was eine Rechenschaft über das jeweilige Zustandekommen der Zahlen einschließt.

3. Es kann manchmal geboten sein, ergänzend zur Rechnungseinheit Stiftung weitere Auswertungen vorzunehmen. Am Beispiel der Zwecke kann man sich den Grund dafür vergegenwärtigen. Einer allein auf die Rechnungseinheit Stiftung bezogenen Auswertung kann man den Vorwurf machen, dass sie nicht den Unterschied zwischen Stiftungen berücksichtigt, die allein einem Zweck gewidmet sind und solchen, die zwei oder mehrere Zwecke verfolgen.

4. Die frühere Bildung der Gesamtmenge ‚aller Stiftungszwecke' kann als Versuch einer Reaktion auf diesen möglichen Vorwurf begriffen werden, wobei die Art dieser Reaktion allerdings geeignet ist, den Vorwurf zu verstärken. Das Berechtigte an dem Vorwurf ist die folgende Überlegung: Eine Stiftung, die nur einem Zweck gewidmet ist, setzt alle ihre Möglichkeiten ausschließlich für diesen Zweck ein, während eine Mehrzweckstiftung ihre Ressourcen auf mehrere Zwecke verteilen muss. Indem alle Zwecke addiert werden, wird das Gewicht gerade der Mehrzweckstiftungen multipliziert, während das der Einzweckstiftungen herabgesetzt wird. Dadurch zählt eine kulturfördernde Stiftung, die gleichzeitig fünf oder sechs ganz andere Zwecke verfolgen muss, als fünf bis sechs Mal wichtiger, als eine Kulturstiftung, die ganz ausschließlich diesem einen Zweck gewidmet ist.

5. Will man dem hier evozierten Problem Rechnung tragen, gibt es mehrere Verfahren. Zunächst einmal ist die Reichweite des Problems zu vermessen: wie viele Stiftungen verfolgen eigentlich nur einen Zweck, wie viele zwei Zwecke, gibt es dabei zweckabhängige Unterschiede?

Neben der Vermessung der Reichweite kann auch eine Untersuchung mit der Methode der Fallzahlberechnung versucht werden. Bei dieser wird jede Stiftung mit dem Maximalwert 1 gerechnet. Verfolgt eine Stiftung nur einen Zweck, dann vermehrt sie diesen Bereich um den Wert 1, verfolgt sie zwei Zwecke zu gleichen Teilen, erhält jeder dieser beiden Zweckbereiche den Wert 0,5 zugesprochen usw. Wünschenswert wäre es, wenn man für solche Fallzahlrechnungen jede Stiftung so berücksichtigen könnte, dass der jeweilige reale Anteil eines Zweckbereichs, der mitunter ja explizit im Stiftungszweck steht, berücksichtigt würde, also zum Beispiel zu 80 Prozent Umweltschutz, zu 20 Prozent Soziale Zwecke, was dann als Fallzahlen die Werte 0,8 und 0,2 ergebe. Dafür fehlt die Datengrundlage. Ersatzweise verbleibt die Möglichkeit, einfach die Werte gleichmäßig gemäß der jeweiligen Anzahl an Stiftungszwecken aufzusplitten.

Diese Art der Fallzahlberechnung mit gleichmäßiger Aufsplittung, die der Bundesverband Deutscher Stiftungen übernommen hat, wird in dieser Statistik ebenso angewendet, wie die Reichweite des Phänomens Mehrzweck- und Einzweckstiftung beschrieben wird.

e) Analyse der Zwecke

Die Grafik 7.1 zeigt vergleichend die Verteilung der Stiftungszwecke in der Datenbank des Maecenata Instituts zwischen Sommer 1999, April 2001 und September 2006. Für 1999 liegen der Grafik 11.901 erfasste Zwecke von 6.717 Stiftungen zu Grunde, für 2001 sind dies 13.901 Zwecke von 7.695 Stiftungen und 2006 schließlich 19.849 Zwecke von 10.917 Stiftungen. Die Prozentangaben geben an, wie viele dieser 6.717, 7.695 bzw. 10.917 Stiftungen in dem jeweiligen Zweckbereich tätig sind.

Eine kontinuierliche Bedeutungszunahme verzeichnen über alle drei Auswertungen hinweg die kleineren Bereiche Sport (+2,57 Prozentpunkte), Internationale Verständigung (+1,04 Prozentpunkte), Umwelt/Tierschutz (+2,86 Prozentpunkte) und Religion (+0,77 Prozentpunkte). Da diese Bereiche 1999 alle noch unter 7 Prozent Anteil lagen, handelt es sich bei diesen Zuwächsen um Steigerungen zwischen 20 Prozent und 50 Prozent gegenüber den Ausgangswerten.

Unter den Zwecken, die sich schon 1999 im zweistelligen Prozentbereich befanden, legten Gesundheit (+1,49 Prozentpunkte), Kunst/Kultur, (+2,07 Prozentpunkte) und Wissenschaft/Forschung (+1 Prozentpunkt) zu, was immerhin auch noch Steigerungsraten von 4,5 Prozent bis 12 Prozent sind. Deutliche Bedeutungsverluste mussten hingegen die Felder Bildung/Erziehung (-2,4 Prozentpunkte) und Soziales (-4 Prozentpunkte) hinnehmen, in den kleinen Bereichen fallen ‚Sonstiges' und ‚Betriebsangehörige' auf.

Allerdings muss die Bedeutung dieser prozentualen Zu- und Abnahmen klar sein: So müsste z. B. mehr als jede zweite neu gegründete (oder neu erfasste) Stiftung soziale Aufgaben erfüllen, damit der hohe Anteil solcher Stiftungen nicht sinkt (unter den Stiftungen, die vor 1900 errichtet wurden, sind 75 Prozent mit sozialen Aufgaben indexiert). Tatsächlich legen alle Zweckbereiche in absoluten Zahlen zu. Ein Bedeutungsverlust findet nur im Verhältnis zur Gesamtheit aller Stiftungen statt und ist die Folge einer verstärkten Diversifizierung der Stiftungszwecke, d. h. die Palette der aus der Sicht der Stifter typischen, stiftungswürdigen Zwecke hat sich verbreitert.

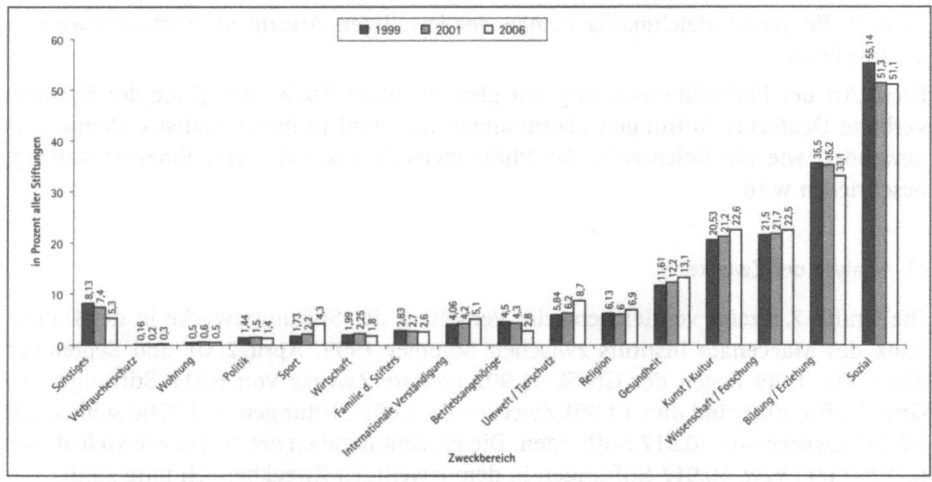

Grafik 7.1: Entwicklung Stiftungszwecke

f) Einzweckstiftung, Mehrzweckstiftung

In MI Statistik 2001 wurde zum ersten Mal der Frage nachgegangen, wie viele Stiftungen nur einen Zweck, wie viele zwei, drei oder mehr Zwecke verfolgen. Auch wurde bis dahin nicht untersucht, ob es typische Zusammenhänge gibt zwischen den Zweckbereichen und der Häufigkeit von Einzweckstiftungen, oder ob bei Mehrzweckstiftungen typische Kombinationen von Zweckbereichen existieren. Dies geschieht im Folgenden, wobei sich einige interessante Ergebnisse zeigen:

- Das derzeitige Stiftungswesen zerfällt, wie auch in MI Statistik 2001, etwa je zur Hälfte in zwei Typen: die Einzweckstiftung und die Mehrzweckstiftung.

- Berücksichtigt man die Gründungsjahre der Stiftungen, so ist der Anteil der Einzweckstiftungen bei den noch existierenden, vor 1949 gegründeten Stiftungen erheblich höher, als bei den seitdem gegründeten Stiftungen.

- Das Profil der Zwecke bei den Einzweckstiftungen unterscheidet sich erheblich von dem Profil der Zwecke, wenn man alle Stiftungen berücksichtigt: so nimmt der Bereich Kunst/Kultur im allgemeinen Profil den vierten Platz ein, bei den Einzweckstiftungen hingegen den zweiten Platz. Gegenüber MI Statistik 2001 hat sich dieser zweite Platz noch verstärkt, da sich der Anteil der reinen Kunst/Kulturstiftungen an allen Einzweckstiftungen von 14,8 Prozent auf 16,6 Prozent erhöht hat.

- Je nach Zweckbereich sieht die Verteilung zwischen Ein- und Mehrzweckstiftungen sehr unterschiedlich aus, d. h. der Anteil der Einzweckstiftungen in einem Zweckbereich kann um den Faktor 10 variieren: Nur 6,7 Prozent aller Stiftungen, die politische Zwecke verfolgen, tun dies ausschließlich. Hingegen sind über

57 Prozent aller Stiftungen, die für Familienangehörige des Stifters tätig sind, ausschließlich diesem Zweck gewidmet.

- Die Zweckbereiche Bildung/Erziehung, Soziale Aufgaben, Wissenschaft/Forschung, Kunst/Kultur/Denkmalpflege und Gesundheitsförderung kommen als Einzelzweck oder in Verbindung mit anderen Zwecken bei 91,26 Prozent der Stiftungen vor. Der Wert ist gegenüber MI Statistik 2001 mit damals 91,24 Prozent praktisch unverändert.

- Nachweisen lässt sich, dass die genannten fünf Hauptzweckbereiche in sehr unterschiedlicher Weise Kombinationen eingehen. Die Kombination Bildung/Erziehung mit Soziales kommt mit 1.812 Stiftungen (in MI Statistik 2001: 1.197) mit Abstand am häufigsten vor, und damit fast doppelt so häufig wie etwa die Kombination Bildung/Erziehung mit Wissenschaft/Forschung (942 Stiftungen). Am anderen Ende der Skala steht die Kombination Gesundheit mit Kunst/Kultur, die mit 225 Fällen die unwichtigste Kombination darstellt.

- Auffällig ist ferner, dass der Bereich Gesundheit nicht bloß auf der Ebene der Einzweckstiftung mit 3 Prozent den geringsten Anteil unter den Hauptbereichen hat, sondern dass die Kombinationsstiftungen praktisch ausschließlich Kombinationen mit den anderen vier Hauptbereichen eingehen. Zwei Faktoren lassen es gerechtfertigt erscheinen, diesen Zweckbereich als besonders unselbständig zu charakterisieren: der relativ geringe Anteil an Einzweckstiftungen, als auch die fast ausschließliche Kombination mit Bildung/Erziehung, Soziales, Wissenschaft/Forschung oder (mit erheblichen Abstrichen) Kunst/Kultur/Denkmalpflege. Es hat

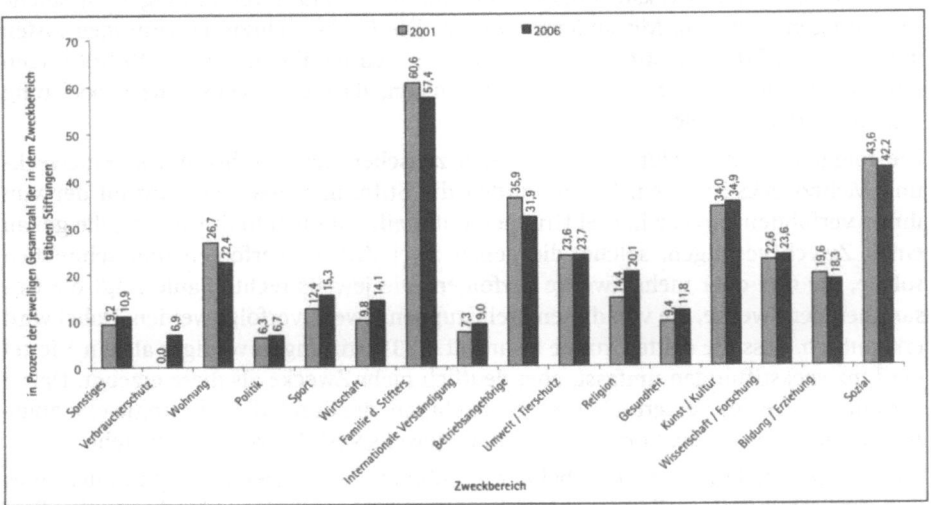

Grafik 7.2: Anteil der Einzweckstiftungen je Zweckbereich

den Anschein, als ob Gesundheit mehr eine Präzisierung insbesondere sozialer oder wissenschaftlicher Intentionen ist, als ein sich selbst genügender Zweck. In der Grafik 7.2 geht es um den prozentualen Anteil, den die Einzweckstiftungen in ihrem jeweiligen Bereich haben. Dabei werden die Auswertungen MI Statistik 2001 und die Werte von 2006 einander gegenübergestellt.

So kann man für das Jahr 2006 erkennen, dass 42,2 Prozent aller Stiftungen, die im sozialen Bereich tätig sind, ausschließlich diesen Zweck verfolgen (2001: 43,6 Prozent), 18,3 Prozent tun dies im Bereich Bildung/Erziehung (2001: 19,6 Prozent) usw. Die Differenz zu 100 gibt also den Anteil an, der auf Mehrzweckstiftungen fällt, d. h. für 2006: 57,9 Prozent der im sozialen Bereich tätigen Stiftungen arbeiten zugleich in mindestens einem anderen Zweckbereich. Betrachtet man die Grafik 7.2 als Ganzes, wird schnell sichtbar, dass lediglich der Wert der Einzweckstiftungen, die Familienangehörigen des Stifters gewidmet sind, über 50 Prozent liegt. Ansonsten liegen die Werte für Einzweckstiftungen in allen Bereichen unter 50 Prozent, in der Regel sogar erheblich darunter, d. h. in drei Zweckbereichen liegt der Anteil der Einzweckstiftungen unter 10 Prozent und bei drei weiteren unter 20 Prozent. Der naheliegende Schluss scheint zu sein, dass der Typus Einzweckstiftung eine mehr oder weniger große Minderheit darstellt.

Doch genau dies ist eine Illusion! Im Gegenteil, das Verhältnis zwischen Einzweckstiftung und Mehrzweckstiftung ist praktisch ausgeglichen: Den in der Datenbank eindeutig beschriebenen 5.539 Einzweckstiftungen stehen 5.378 Mehrzweckstiftungen gegenüber (50,7 Prozent zu 49,3 Prozent). Der Grund für die Illusion ist klar: Die 5.378 Mehrzweckstiftungen schlagen mit 14.310 Zweckeinträgen zu Buche, während die 5.539 Einzweckstiftungen eben nur mit 5.539 Zweckeinträgen in solche Rechnungen eingehen. Mit anderen Worten: Die 5.378 Mehrzweckstiftungen lasten dann auf den Einzweckstiftungen so, als ob es sich bei ihnen um 14.310 Stiftungen handeln würde – daher rührt dann die Illusion, dass der Typus Einzweckstiftung prinzipiell minoritär sei.

Die folgende Grafik zeigt einen Vergleich zwischen der Häufigkeit von Einzweck- und Mehrzweckstiftungen. Dabei wurden die Stiftungen nach der Anzahl der von ihnen verfolgten Zwecke in drei Gruppen unterteilt, nämlich in Stiftungen, die genau einen Zweck verfolgen, solche, die genau zwei Zwecke verfolgen und schließlich solche, die drei oder mehr Zwecke verfolgen. Die jeweils rechte Säule zeigt die Gesamtheit der Zwecke, die von diesen drei Gruppen jeweils verfolgt werden. Dabei wird erkenntlich, dass die dritte Gruppe zwar mit 1.335 Stiftungen weniger als ein Viertel der Einzweckstiftungen umfasst, aber deutlich mehr Zwecke als diese erzeugt. Damit wird die Stärke des Verzerrungsfaktors ersichtlich, der durch die sehr ungleichmäßige Anzahl der Zwecke, die von den Stiftungen jeweils verfolgt werden, entsteht.

Eine spannende Frage ist, ob es bei den Kombinationen Präferenzen gibt, oder ob es sich um zufällige Verteilungen handelt. Dazu wurden die Kombinationen der fünf Hauptbereiche Bildung/Erziehung, Gesundheit, Kunst/Kultur/Denkmalpflege, So-

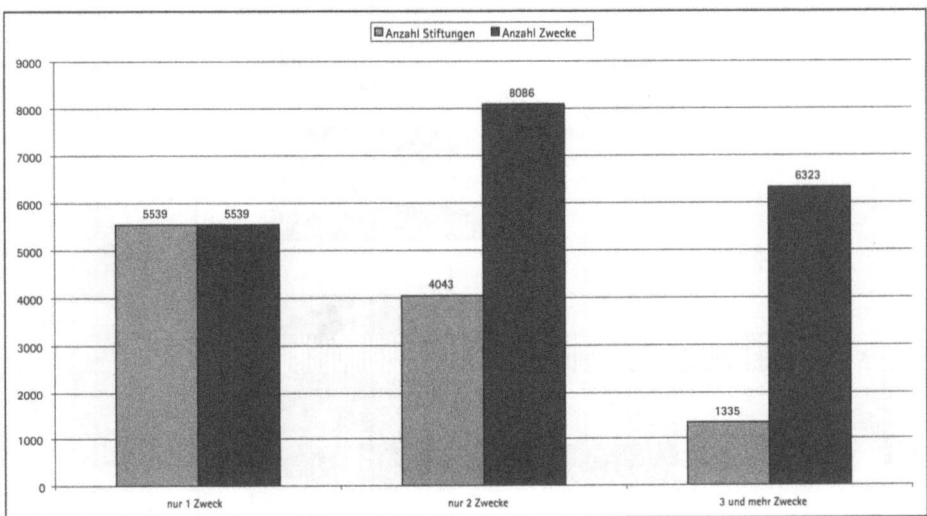

Grafik 7.3: Einzweckstiftung und Mehrzweckstiftung

ziales und Wissenschaft/Forschung isoliert, um zu untersuchen, ob typische oder weniger typische Kombinationen existieren. Insgesamt kommt bei 91,26 Prozent der Stiftungen (2001: 91,24 Prozent) mindestens einer der genannten fünf Hauptzwecke vor. Der schraffierte Balken stellt jeweils zum Vergleich die Einzweckstiftung dar (als Kombination des Zweckbereiches mit sich selber). Nicht berücksichtigt wurde, ob es sich jeweils um Zwei-, Drei- Vier- oder Fünfzweckstiftungen handelt. Die Kombinationen der fünf Hauptbereiche untereinander werden je gesondert dargestellt.

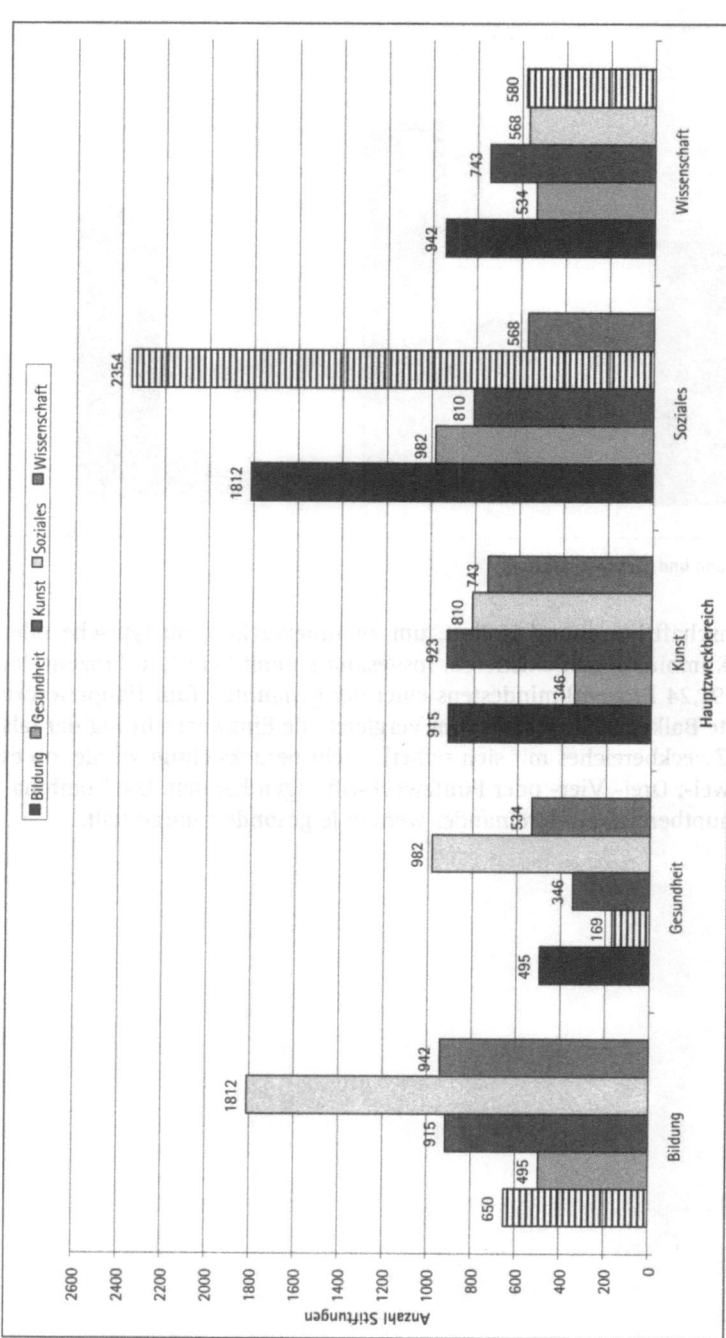

Grafik 7.4: Kombinationen von Stiftungszwecken 2006

Der Bereich Bildung kommt in ganz außerordentlicher Weise mit ‚Sozialem' vor, nämlich in Form von 1.812 Stiftungen, fast doppelt soviel wie die Kombination mit Wissenschaft/Forschung oder Kunst/Kultur ausmacht. Erst auf Platz 4 folgt Bildung als alleiniger Zweck – 2001 lag der alleinige Zweck noch knapp vor Kunst und Kultur.

Der Bereich Gesundheit zeigt ein sehr prononciertes Profil: Die Kombination mit den Zwecken Soziales, Wissenschaft/Forschung und Bildung/Erziehung ist erheblich, während Kunst/Kultur deutlich abfällt. Gesundheit als Einzweckstiftung umfasst aber weniger als die Hälfte dieser schon geringeren Zahl.

Kunst/Kultur/Denkmalpflege zeigt ein entgegengesetztes Bild zu Gesundheit: Den ersten Platz hat die Einzweckstiftung inne, halbwegs gleichauf folgen dann Bildung/ Erziehung, Wissenschaft/Forschung und Soziales. Die Kombination mit dem Bereich Gesundheit fällt hingegen mehr als deutlich ab.

Auch im Zweckbereich Soziales ist die Einzweckstiftung führend, sogar noch deutlicher als im Bereich Bildung/Erziehung. Mit noch einmal deutlichem Abstand kommt es dann zu Kombinationen mit Gesundheit und Kunst/Kultur. Hier ist es die Kombination mit Wissenschaft/Forschung, die am schwächsten ausfällt.

Für den Bereich Wissenschaft/Forschung ist Bildung/Erziehung der wichtigste Kombinationsbereich, deutlich vor Kunst/Kultur und Wissenschaft/Forschung als Alleinzweck. Knapp danach folgen Gesundheit und Soziales.

Dieser Durchgang durch die einzelnen Bereiche zeigt, dass nicht jeder Zweckbereich in gleicher Weise bindungsfähig ist, bzw. sich unterschiedliche Zweckbereiche mal näher, mal ferner stehen. Neben Zweckbereichen, bei denen die Einzweckstiftung die vorherrschende Form ist, gibt es solche, bei denen die Mehrzweckstiftung führend ist, wobei wiederum bestimmte Kombinationen bevorzugt auftreten.

Die Gleichzeitigkeit von Einzweckstiftung und Mehrzweckstiftung verzerrt jede präzise Aussage über die vom Stiftungswesen verfolgten Zwecke. Indem man grundsätzlich die Zwecke zurückberechnet auf die Einheit Stiftung, erhält man die in diesem Kapitel als Grafik 7.1 präsentierte Darstellung. Sie ist in ihrem Aussagegehalt vollkommen korrekt, d.h. es ist richtig, dass n Prozent der Stiftungen soziale Zwecke usw. verfolgen, da es für diese Aussage unerheblich ist, ob eine Stiftung dies jeweils ausschließlich oder in Kombination mit anderen Zwecken tut. Unbefriedigend bleibt gleichwohl, dass dabei von dem gezeigten Unterschied zwischen Ein- und Mehrzweckstiftung abstrahiert wird.

Man nehme beispielsweise zum Vergleich das Profil des Stiftungswesens, das sich ergibt, wenn man nur die Einzweckstiftungen berücksichtigt. In diesem Fall sind Zweckanzahl und Stiftungsanzahl identisch. Resultat ist nicht bloß ein von den Prozentwerten her notwendigerweise differentes Aussehen, sondern vor allem auch eine erhebliche Differenz, was die relative Bedeutung der Zweckbereiche im Stiftungswesen betrifft. So rutscht Kunst/Kultur/Denkmalpflege von Platz 4 auf Platz 2

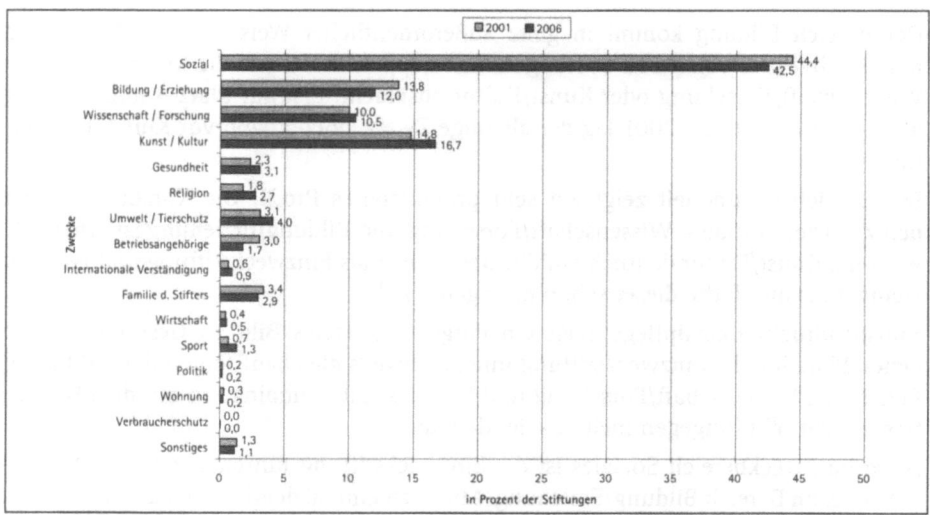

Grafik 7.5: Verteilung Stiftungszwecke nur Einzweckstiftungen 2001 und 2006

vor, der Bereich Gesundheit rangiert hinter Umwelt-/Tierschutz und nur knapp vor den Familienstiftungen.

Nun lässt solch eine Einzweckauswertung die Mehrzweckstiftungen außer Betracht, was ebenfalls unbefriedigend ist. Tatsächlich ergibt sich ein sehr verändertes Bild des Stiftungswesens, wenn man nur die Mehrzweckstiftungen betrachtet. Auf der folgenden Grafik ist die Bezugsgröße nur die Mehrzweckstiftung, d.h. die Prozentangaben drücken aus, wie viel Prozent aller Mehrzweckstiftungen unter anderem in den Feldern Soziales, Bildung usw. tätig sind. Bildung liegt jetzt fast gleichauf mit sozialen Zwecken. Im Unterschied zur vorherigen Grafik haben Umwelt/Tierschutz sowie Sport nicht nur eine deutlich vergrößerte Relevanz, sondern sie haben gegenüber 2001 auch am deutlichsten zugelegt.

Damit steht man vor dem Dilemma, dass die scheinbar so leichte Frage, wie viele Stiftungen in einem Bereich tätig sind, zu keiner befriedigenden Antwort führt. Unbefriedigend bleibt dabei insbesondere, dass die tiefere Intention der Frage darin liegt, eine Vorstellung von der Relevanz eines Arbeitsgebiets für das Stiftungswesen zu bekommen. Daher wurde in der MI Statistik 2001 eine alternative Berechnungsmethode mit Fallzahlberechnung vorgeschlagen, wie sie zum Beispiel im Rahmen von Kapazitätsberechnungen üblich ist. Jede Stiftung rechnet mit Wert 1. Bei einer Einzweckstiftung rechnet dieser eine Zweck mit dem Wert 1, bei einer Zwei-Zweck-Stiftung rechnet jeder der beiden Zwecke mit 0,5, was zusammen dann 1 ergibt, bei einer Drei-Zweck-Stiftung jeder Zweck mit 1/3, eine Vier-Zweck-Stiftung rechnet in

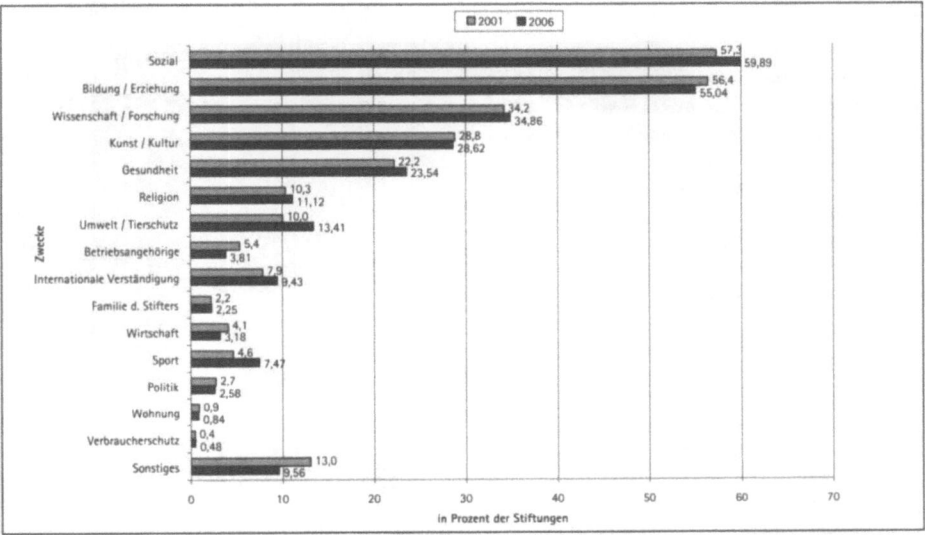

Grafik 7.6: Verteilung Stiftungszwecke nur Mehrzweckstiftungen 2001 und 2006

jedem ihrer Zwecke mit dem Wert 0,25 usw., wobei die Summe aller Stiftungszwecke einer Stiftung immer der Wert 1 ist.

Das Ergebnis bietet die Grafik 7.7. Auch hier kommt es wieder zu Platzwechseln. So verbessert sich Kunst/Kultur/Denkmalpflege zwar, aber nur von Platz 4 auf Platz 3. Im Vergleich zu 2001 steigen soziale Zwecke sogar an, statt abzusinken. Der Vorteil dieser Präsentationsform besteht darin, dass sie eine Annäherung an das relative Gewicht eines Zweckes innerhalb des Stiftungswesens darstellt. Der Nachteil hingegen bleibt, dass diese Art der analytischen Darstellung schnell in jene Problematik zurückführt, die eingangs des Kapitels geschildert wurde, nämlich dass sie von Dritten als Antwort auf die Frage: ‚wie viele Stiftungen sind eigentlich im Feld xy‘ verstanden wird.

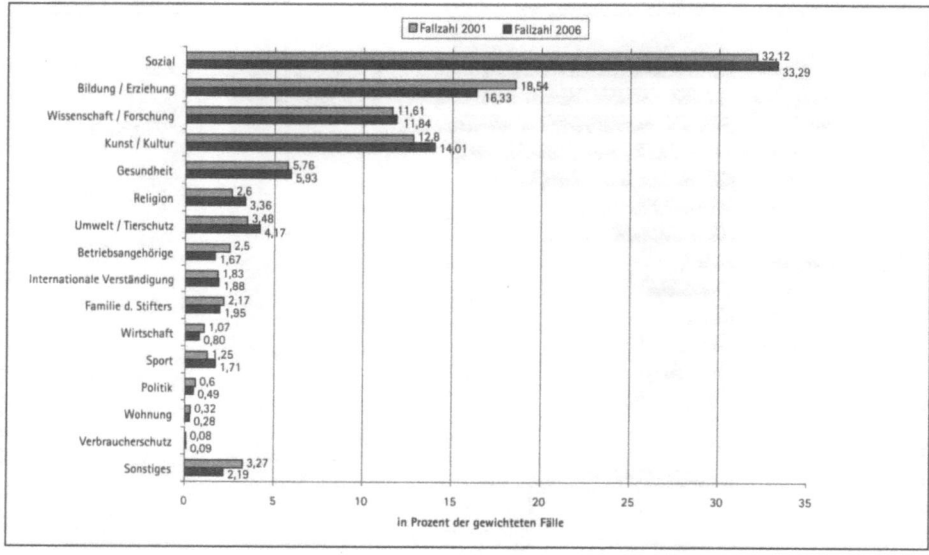

Grafik 7.7: Stiftungszwecke 2001 und 2006 mit Fallzahlberechnung

Es mag nicht nur Dritte, sondern auch mit dem Stiftungswesen Vertraute irritieren, dass die Analyse der von Stiftungen verfolgten Zweckbereiche je nach Berechnungsart nicht nur zu unterschiedlichen Zahlenwerten führt, sondern vor allem auch zu unterschiedlichen abgebildeten Strukturen des Stiftungswesens. Zwar ist der Bereich sozialer Aufgaben bei jeder

das wichtigste Segment des deutschen Stiftungswesens, aber bei den anderen Zweckbereichen ändert die Wahl der Berechnungsmethode die jeweilige relative Wichtigkeit dieses Zweckbereichs. Das ist nicht Ausdruck der Beliebigkeit von Berechnungsweisen, sondern Ergebnis einer strukturellen Problematik des Stiftungswesens: Neben einer Stiftungswelt, in der eindeutig ein Zweckbereich als Aufgabe definiert wird, gibt es eine zweite Stiftungswelt, in der es mehrdeutig, ja häufig sogar recht vage in der Definition der tatsächlich zu verfolgenden Zwecke zugeht.

8 Tätigkeitsdimensionen von Stiftungen

Die Analyse der Zwecke ist nur ein begrenzt taugliches Instrument, um zu beschreiben, was die Tätigkeit von Stiftungen auszeichnet. Eine Studie aus Großbritannien zum dortigen Stiftungswesen, durchgeführt von der Charities Aid Foundation, konnte empirisch die Differenz nachweisen zwischen dem, was Stiftungen laut ihrer Satzung tun, und dem, was sie tatsächlich tun[1]. So ergab sich zum Beispiel, dass sich die letztendlichen Destinatäre des dortigen Stiftungshandelns gleichmäßig auf alle Altersklassen der Bevölkerung verteilen müssten – tatsächlich jedoch zählen Kinder und Jugendliche überproportional häufig zu den Destinatären der Stiftungstätigkeiten.

Offensichtlich ist eine Analyse der Tätigkeit von Stiftungen notwendig, allerdings auch in besonderer Weise problematisch. Geht man von geschätzten derzeit 18.000 Stiftungen in Deutschland aus, dann ist der Versuch einer vollständigen Erfassung der Vielzahl an Maßnahmen, die von diesen Stiftungen gefördert oder selbst durchgeführt werden, schwer realisierbar. Große Stiftungen können jedes Jahr Bücher füllen mit der Vielzahl von Maßnahmen und Tätigkeiten, an denen sie beteiligt waren.

Vor diesem Hintergrund sind qualitative Studien und Falluntersuchungen der fruchtbarste Weg, um zu interessanten Ergebnissen zu kommen. Gleichwohl erlaubt die Datenbank einige wenige, orientierende Aussagen anhand von einzelnen Grobkategorien. Für die Tätigkeitsform stehen als Grobunterscheidungen zur Verfügung: Betrieb von Anstalten (differenziert nach Begriffen wie Altenheim, Behinderteneinrichtung, Bibliothek/Archiv usw.), Preisverleihung, Personenförderung, Projektförderung, Institutionelle Förderung und Stipendien. Aktuell liegen für 7.397 Stiftungen (in MI Statistik 1998 waren dies 5.893 Stiftungen) eine oder mehrere Angaben dieser Art in der Datenbank vor. Das sind 59,8 Prozent der erfassten Stiftungen (MI Statistik 1998: 76,9 Prozent) – der starke Abfall dieser Erfassungsquote deutet auf ein pflegetechnisches Problem hin. Die Gesamtzahl der Angaben summiert sich wegen der Möglichkeit von Mehrfachnennungen auf 10.941 Angaben (MI Statistik 1998: 8.753 Angaben). Die Größe der Gesamtzahl ermöglicht Aussagen zu Aspekten der Tätigkeit des Stiftungswesens in Deutschland.

---

1 Patterns of Independent Grant-Making in the UK : a survey of grants made by independent trusts and foundations /Jeremy Vincent; Cathy Pharoah; Charities Aid Foundation <CAF> [Hrsg.], 1. Aufl., London: CAF, 2000, (Dimensions 2000 ; Bd. 3).

	MI Statistik 1998	MI Statistik 2001	MI Statistik 2006
Anstalten	1.413	1.759	2.105
Preise	521	630	712
Projektförderung	1.759	1.978	2.260
Institutionelle Förderung	1.125	1.325	1.341
Personenförderung	2.939	3.262	3.681
Stipendien	450	562	709

Grafik 8.1: Tätigkeitsbereich von Stiftungen

Erkennbar ist der Zuwachs in den einzelnen Bereichen nicht einheitlich.

Im Vergleich zu den Statistiken MI Statistik 1996 und 2001 ist eine Detailbetrachtung der betriebenen Anstalten möglich.

	MI Statistik 1996	MI Statistik 2001	MI Statistik 2006
Altenheim	340	495	528
Behinderteneinrichtung	77	116	136
Bibliothek/Archiv	94	126	135
Bildungseinrichtung	90	148	172
Jugendeinrichtung	106	163	190
Kindergarten	73	114	114
Krankenhaus	133	227	230
Museum	87	140	159
Schule	102	114	123
Wiss. Einrichtung	121	150	158
Sonstiges	365	301	293

Grafik 8.2: Von Stiftungen betriebene Anstalten

Deutlich zeigt die Tabelle, dass die Zunahme der Werte für einzelne Anstaltstypen uneinheitlich ist. Da die Erfassungsquote gesunken ist, muss offen bleiben, ob man in den letzten fünf Jahren eine Verlangsamung von Anstaltsgründungen bzw. Anstaltsübernahmen im Vergleich zu den fünf Jahren zuvor beobachten kann, oder ob dies nur Ausdruck von Erfassungsproblemen ist.

Reichweite der Stiftungstätigkeit

Ein weiterer wichtiger Aspekt der Stiftungstätigkeit ist die maximale oder hauptsächliche räumliche Reichweite, auf die sie sich erstreckt. Diese wird mit einem dreigliedrigen Differenzierungsschema erfasst, das seit Anlage der Datenbank besteht, nämlich einer Unterteilung in regionale, nationale und internationale Reichweite der Tätigkeit.

Diese Unterteilung ist in räumlicher Hinsicht sehr grob. Der Begriff ‚regional' für alle Ebenen unterhalb des Nationalen subsumiert die auf ein Dorf, eine Kirchengemeinde oder einen Stadtteil gemünzte Stiftung unter die gleiche Kategorie wie diejenige, die sich als regionale Beschränkung eine Großstadt oder ein Bundesland wählt. Auf der Ebene einer Sozialstiftung, die Personen als direkte oder indirekte Destinatäre hat, bedeutet das eine Differenz zwischen einigen hundert Personen und fast 18.000.000 Menschen (Nordrhein-Westfalen), die prinzipiell in den Genuss von Leistungen solch einer Stiftung kommen können. Die Trennschärfe einer solchen Kategorie ist mit Blick auf diesen Mengenaspekt offensichtlich wenig befriedigend. Die auf der folgenden Grafik visualisierte Aussage, dass insgesamt 59,5 Prozent der Stiftungen regional beschränkt tätig sind, gibt also mehr Präzision vor, als sie in Wirklichkeit hat.

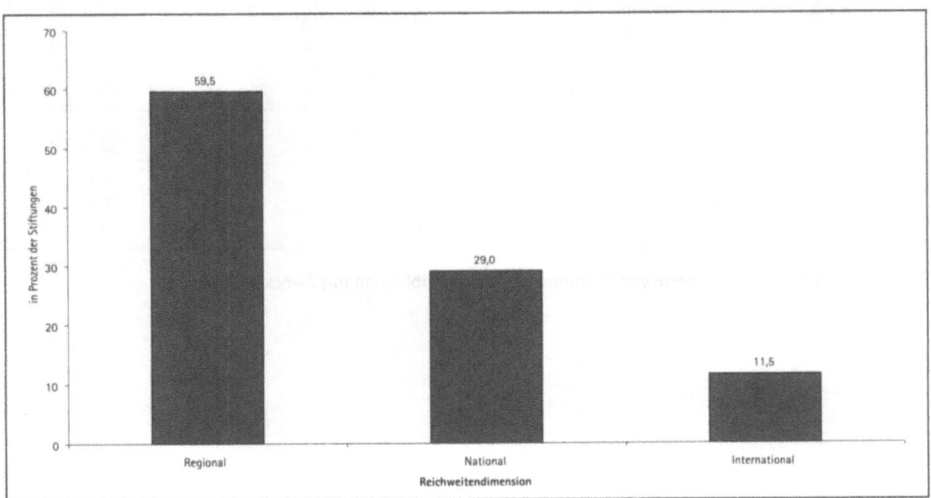

Grafik 8.3: Reichweite von Stiftungstätigkeit 2006

Eine nähere Ausdifferenzierung der vorliegenden Werte kann aufzeigen, dass je nach Zweckbereich die Struktur der räumlichen Reichweiten erheblich differiert, wie die nachfolgende Grafik 8.4 dokumentiert.

Das Regionale ist im Zweckbereich Politik am geringsten, im Bereich Sport am stärksten ausgeprägt, und im Bereich der nationalen Reichweite verhält es sich genau umgekehrt. In sieben Zweckbereichen arbeiten über 40 Prozent der Stiftungen auf nationaler Ebene, in sieben Zweckbereichen dagegen bewegt sich dieser Anteil unter 30 Prozent. Einen wesentlichen Anteil haben international ausgerichtete Stiftungen in den Bereichen der Völkerverständigung und der Politik, aber auch dort bilden sie keine Mehrheit.

Betrachtet man nur die Hauptzweckbereiche, so dominieren dort überall regional ausgerichtete Stiftungen, insbesondere im Bereich Soziales (71 Prozent) und im Bereich der Kunst und Kultur (68,8 Prozent).

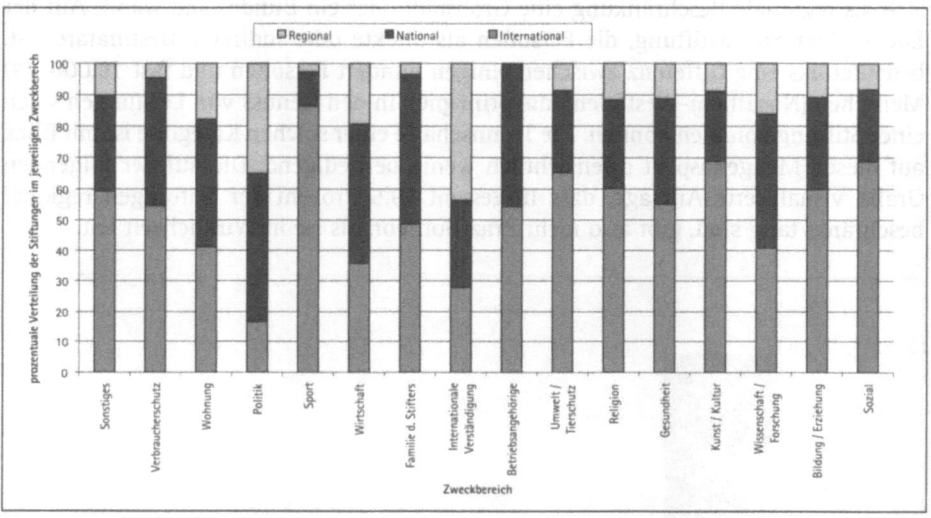

Grafik 8.4: Räumliche Reichweite von Stiftungstätigkeit in Verbindung mit Zwecken 2006

9 Kulturelles Kapital und Stiftungswesen

Wer bewohnt eigentlich den *Sozialraum Stiftung*? Das Stiftungswesen bedarf nicht nur stiftender Personen und Körperschaften, sondern auch derjenigen, die die Stiftungen im Auftrage und irgendwann im Namen des Stifters betreiben. Dabei obliegt es in der Regel dem Stifter, die Zusammensetzung und Struktur der Organe festzulegen, mit anderen Worten den Raum zu definieren, in dem sich die Personen begegnen sollen, die die Stiftungsarbeit machen werden: Wer hat gegenüber wem welche Befugnisse, und wie erhält wer welche Befugnisse? Wer soll entscheiden, wer soll beraten, wer soll kontrollieren, und wie sollen die jeweiligen Personen rekrutiert werden? Für diese Fragen wie auch für den Zwang, auf sie Antworten zu finden, ist es unerheblich, ob private Individualstifter oder Körperschaften am Werk sind. Der Unterschied bei den Körperschaften besteht lediglich in der Tatsache, dass die für die Führung der Körperschaft Verantwortlichen im Namen der Körperschaft die Entscheidungsfragen beantworten müssen und damit zu Quasistiftern im Hintergrund werden. Aus den Antworten auf die evozierten Fragen entsteht der soziale Raum einer Stiftung in Abgrenzung zur umgebenden Welt, um dann in dieser Welt entsprechend der festgelegten Agenda zu handeln.

Gesellschaftstheoretisch, stiftungspolitisch und stiftungspraktisch ist es dabei eine interessante Frage, ob die *Zusammensetzung des Sozialraums Stiftung* eher ein *repräsentatives Abbild der Umwelt* ist oder nicht. Hier kann man sowohl für die Stifter als auch für die Gremien ziemlich sicher sagen, dass es sich beim Stiftungswesen um einen ganz besonders strukturierten sozialen Raum handelt, der nicht repräsentativ für die deutsche Bevölkerung ist.

Im Sample der StifterStudie der Bertelsmann Stiftung, mit ihrem Fokus auf den individuellen Privatstifter, dominiert der Typus des Unternehmers, während Arbeiter und Angestellte zwar vorkommen, aber im Verhältnis zur Gesamtbevölkerung deutlich unterrepräsentiert sind.[1] Das korrespondiert mit einer zentralen Aussage, dass viele Privatstifter eine eigene Stiftung gründen und nicht in eine vorhandene Einrichtung spenden, da sie kontrollieren wollen, was mit ihrem Geld geschieht.[2] Das Unternehmen Stiftung garantiert besser, diese Kontrolle ausüben zu können, als die Spende an eine schon bestehende Organisation.

Die Stiftungsdatenbank bietet verschiedene Ebenen, von denen aus die Stiftung als Sozialraum untersucht werden kann. Zum Gegenstand gemacht werden kann dabei insbesondere das kulturelle Kapital der die Stiftungen initiierenden oder bewegenden Personen. Zu nennen sind hier folgende Erfassungskategorien:

1. Die Kategorie, in der *der Name einer Stiftung* erfasst wird. Viele Stiftungsnamen verweisen auf konkrete Personen, wobei die benannte Person häufig mit dem

---

1   Vgl. StifterStudie, a.a.O.
2   Ebd.

Stifter identisch ist, teilweise aber auch eine von Dritten gewürdigte Person meint. Im Kontext des kulturellen Kapitals ist dieser Unterschied zweitrangig, denn die Wertschätzung für einen Bereich erkennt man auch daran, ob man diesen Bereich als ehrend für Dritte in Betracht zieht oder nicht. So gibt es etwa im Sportbereich neben der Hauptform ‚1. FC‘ oder ‚Turnverein xy‘ auch Namen wie ‚Bayer Leverkusen‘, während die Ehrung von Personen in Form eines 1. FC Kaiser Beckenbauer München niemandem ernsthaft in den Sinn kommt – irgend etwas scheint im Sportclubbereich bei der Namensgebung zu funktionalen Bezeichnungen zu drängen, was zum Verzicht auf Eigennamen führt, während im Stiftungswesen Stiftungsnamen typischerweise der Form folgen: „Herr Müller-Lüdenscheid-Stiftung zur Erforschung der Steinlaus". Stiftungen erscheinen schon durch die Namensgebung häufig als Ausdruck individueller, personaler Verwirklichung.

2. Die Kategorie *Ansprechpartner*: Während der Stiftungsname vollständig und bis zum letzten Bindestrich in der Datenbank korrekt abgebildet werden soll, zielte und zielt die Kategorie Ansprechpartner nicht auf eine vollständige Abbildung aller Ansprechpartner einer Stiftung, was insbesondere bei großen Stiftungen zu einer Vielzahl von Personen und Funktionskennungen führen würde. In der Kategorie werden entsprechend ein, manchmal zwei Ansprechpartner verzeichnet, wobei bei alternativen Möglichkeiten den innerhalb der Stiftung ranghöchsten Personen der Vorrang gegeben wird.

3. Die Kategorie, in der die *Stifter* erfasst werden: Neben der Kategorisierung (Unternehmen, Mann, Frau usw.) wird auch der vollständige Klarname festgehalten.

4. Die Kategorie, in der die *interne Organisationsform einer Stiftung* erfasst wird: In dieser wird, soweit bekannt, bei der Eingabe des Gremiums ‚Stiftungsvorstand‘ der Vorsitzende aufgeführt, bei einem eventuell vorhandenen ‚Stiftungskuratorium‘ der Kuratoriumsvorsitzende usw., allerdings pro Gremium jeweils nur eine Person. Auch hier sind pflegepraktische Gründe ausschlaggebend.

5. Die Kategorie, in der eventuell vorhandene *Schirmherren* verzeichnet sind.

Für alle Personenangaben gilt dabei das *Prinzip der Vollständigkeit des Namens*, also das Aufführen aller Namenszusätze in Form von Bildungs- oder Adelstiteln, sofern diese bekannt werden. Auf diese ist also entsprechend ein Recherchezugriff möglich.

Kein Zugriff ist hingegen auf alternative Kapitalsorten wie z. B. Leistungssportler oder Medienstar möglich. Im Datensatz zur ‚Michael Stich Stiftung‘ findet sich unter der Kategorie Stifter der Eintrag ‚Herr Michael Stich und Jessica Stockmann‘, verbunden mit den Indexierungen Stifter = Mann und Stifter = Frau. Nirgendwo aber ist festgehalten, dass es sich um einen bekannten Sportler handelt, ebenso wenig wie bei der ‚Stiftung Fliege‘ irgendwo ein Eintrag ‚Fernsehstar‘ oder ‚Pfarrer‘ zu finden ist. Auch andere Berufswege sind nicht erfasst und folglich auch nicht recherchierbar. So findet man zwar den Indexeintrag ‚Unternehmen‘ als Stifter, nicht aber ‚Unternehmer‘.

Es gibt also Zugriffswege auf das kulturelle Kapital der Menschen, die den Sozialraum Stiftung bewohnen. Diese sind quantitativ unvollständig und können qualitativ
nicht das ganze mögliche Feld abdecken. Schon eine erste Grobauswertung zeigt
jedoch, dass trotz dieser Unvollständigkeit Ergebnisse erzielbar sind, die ein gewisses
Interesse beanspruchen können.

Die folgende Tabelle zeigt die absoluten Werte der Auswertung 2006, die aus den
Kategorien Ansprechpartner, Organe und Stifter für Bildungskapital (akademische
Titel) und historisches Kapital (Adelstitel) zu gewinnen sind. In Klammern finden
sich die Zahlen aus MI Statistik 2001. Die Zahlen geben an, in wie vielen Stiftungen
die jeweiligen Kategorien mindestens einmal vorkommen. Die Titel Professor, Doktor
bzw. Diplom oder Magister werden zunächst je für sich genommen, also die Tatsache
der Kombination nicht berücksichtigt. Bei dem Wert für *Hochschulabschluss gesamt*
ist diese Mehrfachnennung eliminiert. Daher ist der Wert geringer als die Summe von
Professor, Doktor und Diplom.

In der Zeile ‚n =‘ ist für die jeweilige Kategorie der Erfassungsstand angegeben, wobei
der Wert n jeweils die Anzahl der Stiftungen meint, bei denen mindestens eine Angabe in dieser Kategorie vorliegt. Bei der Kategorie Stifter wurden nur die natürlichen
Personen berücksichtigt.

	Ansprechpartner	Organe	Stifter
Professor	213 (182)	527 (335)	251 (158)
Doktor	1.031 (1195)	1.343 (1066)	838 (566)
Diplom, Magister	57 (116)	82 (64)	53 (41)
Hochschulabschluss gesamt	1.150 (1324)	1.444 (1146)	973 (669)
Adel	133 (227)	168 (134)	536 (433)
n=	5.737 (2526)	3.591 (2636)	4.268 (3195)

Grafik 9.1: Sozialraum Stiftung 2006 (2001)

Auffällig im Vergleich der Zahlen von 2001 und 2006 sind zwei einander entgegen-
gesetzte Entwicklungsrichtungen. Bei den Ansprechpartnern einer Stiftung sind die
betrachteten Kapitalsorten, mit Ausnahme des Titels ‚Professor‘, rückläufig, während
sie bei den Organen und Stiftern teilweise deutlich ansteigen. Da nur 10 Prozent der
Stiftungen über eigenes hauptamtliches Personal verfügen, kann der Rückgang als
ein Indiz einer spezifischen Professionalisierung des Stiftungssektors angesehen werden, d.h. der Wahrnehmung des operativen Außenverhältnisses durch Verwaltungsgesellschaften und Banken.

Was auch immer der Grund sein mag: Der innere Sozialraum und das Außenverhält-
nis scheinen sich im Hinblick auf das präsente kulturelle Kapital voneinander zu se-
parieren. Waren die untersuchten Kapitalsorten 2001 bei den Ansprechpartnern einer
Stiftung fast durchgängig präsenter als in den Organen, so hat sich dieses Verhältnis
jetzt umgekehrt.

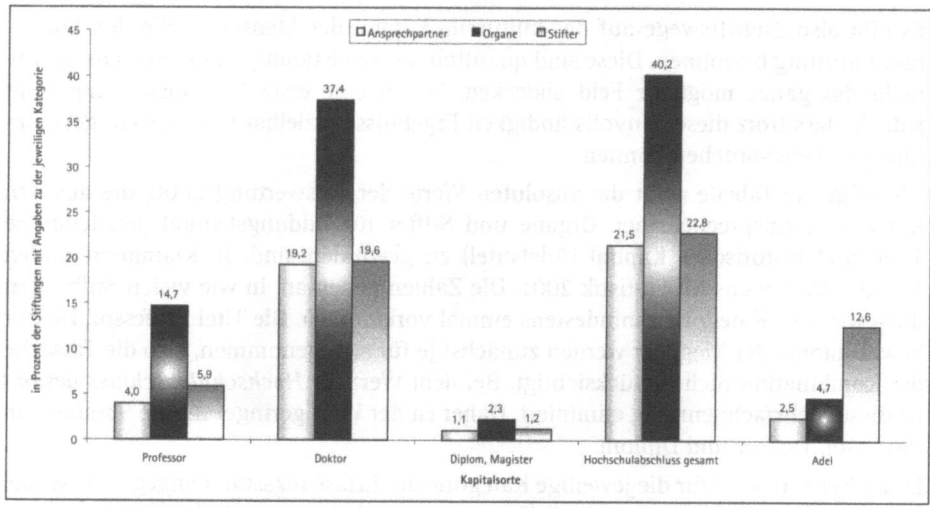

Grafik 9.2: Kulturelles Kapital 2006

Diese Zahlenwerte werden in der Grafik 9.2 in Prozentwerte umgesetzt, wobei der jeweilige Bezugswert die in der Kategorie bekannte Menge n ist: die 182 Stiftungen, bei denen Professoren als Ansprechpartner fungieren, stellen 4,0 Prozent der bekannten Ansprechpartner dar, da in dieser Kategorie 5.737 Ansprechpartner definiert sind. Bei dem Wert für Organe wird die Anzahl der Stiftungen angegeben.

Die Grafik visualisiert insgesamt die außerordentlich hohe Präsenz kulturellen Kapitals im Stiftungssektor, und zwar insbesondere im Bereich der Stiftungsorgane. In 40,2 Prozent der Stiftungen gibt es demnach mindestens eine Person, die über einen Hochschulabschluss verfügt, wobei jede siebte dieser Personen über einen Professorentitel verfügt. Da es sich des weiteren bei über 90 Prozent um Doktoren handelt, kann man davon ausgehen, dass der in der Regel vorhandene niedere Hochschulabschluss, wie Magister oder Diplom, in der Datenbank mangels einer entsprechenden Information nicht erfasst werden konnte oder aus anderen Gründen nicht erfasst wurde.

Im Vergleich zu MI Statistik 2001 sind die Prozentwerte 2006 auf der Ebene der Organe prozentual leicht gesunken, nämlich bei den Hochschulabschlüssen von 43,5 Prozent auf 40,2 Prozent und beim Adel von 5,1 Prozent auf 4,7 Prozent. Anders sieht dies bei den Stiftern aus. Statt 20,9 Prozent sind es im aktuellen Datenbestand 22,8 Prozent der Individualstifter, die über einen Hochschulabschluss verfügen. Während dieser Anteil gestiegen ist, ist der Anteil des Adels von 13,6 Prozent auf 12,6 Prozent gesunken.

Auch an dieser Stelle sei noch einmal hervorgehoben, dass diese prozentualen Veränderungen in besonderer Weise auch Dimensionen der jüngeren Stiftertätigkeit ausdrücken, inklusive der verzögerten genaueren Erfassung von Stiftungen, die vor zehn oder 15 Jahren gegründet wurden. Das Sinken des Adelsanteils unter den Stiftern bedeutet weder, dass deren einmal errichtete Stiftungen reihenweise verschwunden seien, noch dass aus diesem Bereich des historischen Kapitals keine Stiftungen mehr erwachsen würden. Diese soziale Gruppe, dessen Umfang vielleicht 0,07 Prozent der deutschen Bevölkerung ausmacht, ist bei den Neuerrichtungen lediglich nicht so überproportional präsent, wie sie es im älteren Bestand des Stiftungswesens war.

Auf den Rückgang der untersuchten Kapitalsorten bei den Ansprechpartnern wurde schon bei der Betrachtung der absoluten Zahlen hingewiesen. In Prozentwerten ausgedrückt, handelt es sich um eine massive Veränderung der Landschaft. Personen mit Hochschulabschluss stellen nur noch 21,5 Prozent statt über 50 Prozent der Ansprechpartner, beim Adel ist ein Rückgang von 9 Prozent auf 2,5 Prozent zu verzeichnen.

Da bei den meisten dieser Stiftungen die Errichtungsjahre bekannt sind, kann man untersuchen, ob es Auffälligkeiten bei der Präsenz bestimmter Kapitalsorten je nach Errichtungsjahr gibt.

Die Grafik 9.3 stellt, differenziert nach Hochschulabsolventen und Adel, die Korrelationen zwischen Ansprechpartnern einer Stiftung und Errichtungsjahr der Stiftung dar. Für den Bereich der Organe stehen 3.378 der 3.591 verwertbaren Stiftungsdatensätze zur Verfügung, für den Bereich der Ansprechpartner 5.006 der 5.371 Datensätze.

Die betrachteten Kapitalsorten geben dem Stiftungswesen ein deutlich elitäres Gepräge, und zwar nicht nur hinsichtlich seiner sozialen Zusammensetzung auf der Ebene der Stifter, sondern noch viel stärker auf der Ebene der Funktionsträger, die

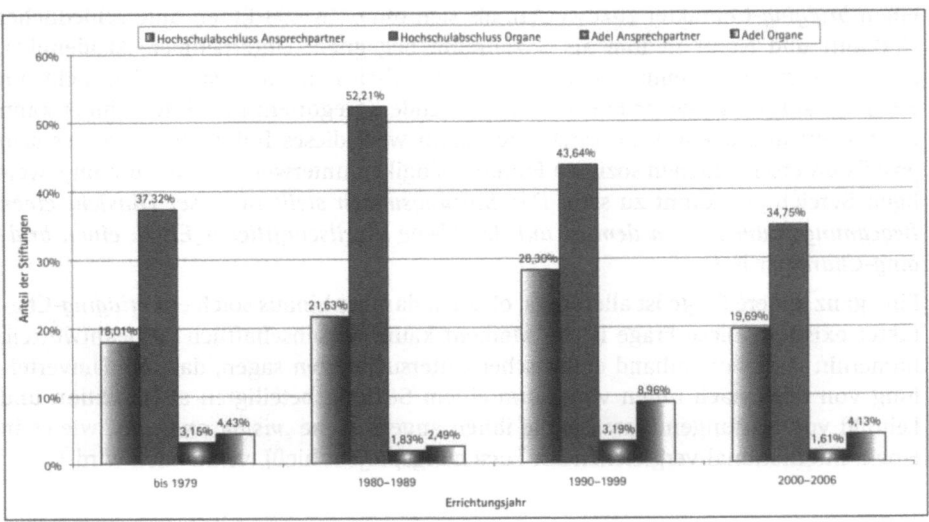

Grafik 9.3: Entwicklung Kulturelles Kapital

entscheiden, kontrollieren und beraten. Hier zeichnet sich ein soziologisch hochinteressantes Untersuchungsfeld ab. Steht das Milieu, das stiftend wie funktional das Stiftungswesen dominiert, nicht in Teilsegmenten in einem frappierenden Gegensatz zu den Milieus, aus denen sich viele unmittelbare oder mittelbare Nutznießer der jeweiligen Stiftungsarbeit rekrutieren? Wie wirkt sich die soziale Fremdheit aus, die darin eingeschlossen ist? Oder ist die Fremdheit gar nicht so groß, wenn man betrachtet, wer tatsächlich mittelbar und unmittelbar von Stiftungen profitiert? Diese Fragen können mit dem vorliegenden Zahlenmaterial nur aufgeworfen, nicht aber beantwortet werden.

Würden wir über eine destinatärorientierte Statistik verfügen, könnte man danach fragen, ob dieser spezifischen Zusammensetzung auch eine spezifische Krümmung in den verfolgten Zielen entspricht. Anders gesagt: Wie ausgeprägt werden von Stiftungen Zwecke verfolgt, die in besonderer Weise von einem akademisch gebildeten Bürgertum nachgefragt werden, etwa im Sinne der Reproduktion von Bildungseliten durch Stipendienprogramme? Wie wichtig sind die Organisation von Veranstaltungen und die Förderung künstlerischer Darbietungen und Einrichtungen, die in besonderer Weise von gesellschaftlichen Eliten frequentiert werden? Wie steht es um die Homogenität der Organisation gesellschaftlicher Events, zu denen geladen wird, z. B. einer Preisverleihung?

Antworten auf derartige Fragen haben Konsequenzen für die Beurteilung der Förderung des sozialen Kapitals einer Gesellschaft durch Stiftungen. Mit Putnam, auf den insbesondere in der stiftungs- und engagementorientierten Diskussion Bezug genommen wird, kann man *bridging social capital* und *bonding social capital* unterscheiden. Die angeführten Zahlen rechtfertigen es auf jeden Fall, dem Stiftungswesen insofern einen *bridging*-Charakter zuzuweisen, als sich ohne Zweifel Eliten unterschiedlicher Herkunft und Natur in ihm als Sozialraum begegnen: Unternehmer, Akademiker, Adelige seien hier exemplarisch genannt. Natürlich handelt es sich dabei nicht um einander auf individueller Ebene ausschließende Kategorien: Ein Unternehmer kann promoviert und adelig sein. Doch auch dann weiß dieses Individuum, dass es sich jeweils unterschiedlichen sozialen Funktionslogiken unterwerfen muss, um im jeweiligen Bereich anerkannt zu sein. *Das Stiftungswesen stellt in dieser Hinsicht einen Begegnungsraum dar, in dem es auf der Ebene gesellschaftlicher Eliten einen bridging-Charakter hat.*

Eine ganz andere Frage ist allerdings, ob auch darüber hinaus solch ein *bridging*-Charakter existiert. Diese Frage ist im Moment kaum wissenschaftlich zu beantworten. Immerhin lässt sich anhand empirischer Untersuchungen sagen, dass die Umverteilung von oben nach unten von kaum einem Stiftungsbeteiligten als Funktion und Leitbild von Stiftungen (bzw. als die ihnen angemessene *‚vision and role'*, wie es in einem international vergleichenden Forschungsprojekt hieß), verstanden wird.[3]

---

3   Vgl. Adloff/Schwertmann/Sprengel/Strachwitz (2004).

10 Bürgerschaftliches Engagement, Stiftungswesen und Zivilgesellschaft

Einen schönen Beleg, wie sich Verständnis und Bild des Stiftungswesens in den letzten zehn, fünfzehn Jahren in Deutschland gewandelt haben, bietet das Geleitwort von Bundesministerin Ursula von der Leyen zum StiftungsReport 2007 des Bundesverbandes Deutscher Stiftungen: „Stifterinnen und Stifter, die sich mit Mut, Tatkraft und Visionen für Projekte einsetzen, die ihnen am Herzen liegen, sind Leistungsträger der Zivilgesellschaft und Partner des Staates. (...)"[1]

Zivilgesellschaft, und nicht feudales Erbe oder Überbleibsel vergangener Zeiten. *Leistungsträger*, und nicht spinnerte Alte, die ihr Geld verbrennen. Auf den knappen zwei Seiten stimmt die Bundesfamilienministerin kurz weitere Themen an: die Förderung von bürgerschaftlichem Engagement und die Reform des Gemeinnützigkeits- und Spendenrechts als zeitgemäße Aufgaben in der Tradition des Spannungsverhältnisses von staatlicher Fürsorge und Subsidiarität.

In diesem Kapitel soll diese Perspektive auf das Stiftungswesen vertieft werden, die von vornherein zwei Dimensionen hat.

Der Begriff Zivilgesellschaft wird im Folgenden, im Anschluss an internationale Diskussionen, in zwei Richtungen operationalisiert. Die eine Richtung führt auf das Thema des Stiftens als eine spezifische Form des bürgerschaftlichen Engagements, wie es nicht zuletzt auch durch die diesem Thema gewidmete Enquete-Kommission des Bundestages nachhaltig vorangebracht wurde.[2] Die andere Richtung zielt auf Stiftungen als Teil des Dritten Sektors ab. Wissenschaftlich vorangebracht wurde die internationale Diskussion zum Begriff des Dritten Sektors – nicht zu verwechseln mit dem tertiären Sektor! – durch das Johns-Hopkins-Comparative-Nonprofit-Sector-Project in den 1990er-Jahren, mit dem dieser Begriff des Dritten Sektors empirisch gefüllt wurde.[3]

Der Begriff des Dritten Sektors, in Deutschland weitgehend mit dem Begriff gemeinnütziger Bereich erfasst, macht am leichtesten deutlich, worum es inhaltlich geht. Mit ihm wird ein Organisationsbereich sowohl vom Staat als auch von der gewinnorientierten Privatwirtschaft abgegrenzt, wobei diese zugleich Gemeinsamkeiten mit dem Dritten Sektor aufweisen.

---

1 Ursula von der Leyen, Vorwort, in: BDS Statistik 2007, S. 7.
2 Vgl. Bericht: Bürgerschaftliches Engagement – auf dem Weg in eine zukunftsfähige Bürgergesellschaft/Enquete-Kommission „Zukunft des Bürgerschaftlichen Engagements", 14. Deutscher Bundestag, Opladen 2002.
3 Vgl. Global Civil Society : Dimensions of the Nonprofit Sector/Lester M. Salamon; Helmut K. Anheier; Regina List; Stefan Toepler; S. Wojciech Sokolowski, 1. Aufl., Baltimore: The Johns Hopkins Center for Civil Society Studies, 1999, *(The Johns Hopkins Comparative Nonprofit Sector Project)*; Der Dritte Sektor: aktuelle internationale Trends - Eine Zusammenfassung; The Johns Hopkins comparative nonprofit sector project, Phase II/Lester M. Salamon; Helmut K. Anheier und Mitarb.; Michael Strübin [Uebers.], 1. Aufl., Gütersloh: Verlag Bertelsmann Stiftung, 1999.

Wie bei den Unternehmen der Privatwirtschaft handelt es sich bei Organisationen des Dritten Sektors um private, nicht-staatliche Einrichtungen, in denen Bürger eigene Zwecke verfolgen. Das grenzt sie vom Staat ab. Mit dem Staat gemein aber haben sie den Anspruch, für das Gemeinwohl und nicht für das eigene, zu privatisierende Gewinnstreben zu wirken. Das grenzt sie von der Privatwirtschaft ab.

Diese Mischung von Übereinstimmung und Abgrenzung stellt Organisationen des Dritten Sektors zugleich konstitutiv in Konkurrenz zur Privatwirtschaft wie zum Staat. Dem Staat wird der Allmachtsanspruch, das öffentliche Wohl zu verkörpern, bestritten – es ist insofern kein Zufall, dass in den Ländern des ehemaligen Ostblocks inkl. China häufig noch nicht einmal irgendwelche Rechtsformen für diesen Bereich zur Verfügung standen, denn eine solche Selbstorganisation der Bürger war nicht vorgesehen. Der rechtliche Rahmen musste überhaupt erst neu geschaffen werden, wobei hier manche Länder wie Ungarn äußerst innovativ waren, während andere, wie China, noch bei der Rechtssetzung sind.

Eine analoge Konkurrenz besteht zur gewinnorientierten Wirtschaft. Jede Nonprofit-Organisation, so klein sie auch ist, ist auch eine Wirtschaftseinheit – und manche von ihnen sind auch außerordentlich groß, wie etwa die Wohlfahrtsverbände. Caritas, ASB, Malteser usw. gehören mit ihren Einrichtungen von der Kita bis zum Pflegeheim zu den großen Arbeitgebern in Deutschland. Die eigentliche Konkurrenz besteht aber weniger in einer Konkurrenz um ein gleiches Marktsegment. Vielmehr stehen sie für eine Möglichkeit des Wirtschaftens jenseits der Orientierung an persönlichem Gewinnstreben.

Die folgenden Ausführungen sollen das Stiftungswesen im Verhältnis zu diesem größeren Ensemble positionieren und profilieren.

Stiften als Bürgerschaftliches Engagement

Stiften ist eine sehr besondere Form des Bürgerschaftlichen Engagements, jedenfalls insofern private Einzelstifter, private Vereine und private Unternehmen als Stifter auftreten. Mit der schon evozierten Kategorie *des Stifters im Hintergrund*, die bei der Beurteilung der stifterischen Tätigkeit von Körperschaften nicht übersehen werden sollte, kann nicht von vornherein ein entsprechendes Engagement ausgeschlossen werden, auch nicht bei mancher Errichtung von Stiftungen durch die Öffentliche Hand.

Eine Besonderheit des Bürgerschaftlichen Engagements durch das Stiften ist der deutlich erhöhte Ressourceneinsatz, der damit einhergeht. Im Jahr 2005 befragte das Meinungsforschungsinstitut Forsa 1.000 Unternehmer nach ihrem gesellschaftlichen Engagement.[4] Dabei beschränkte sich die Studie auf Unternehmer, die ihre Unternehmen selbst führen. Bei der Auswertung der Daten wurde versucht, die unterschied-

---

4   „Corporate Social Responsibility" in Deutschland, Ergebnisse der forsa-Inhaber-Befragung, hrsg. von Forsa, Juni 2005.

lichen Engagementformen in Geldwerte umzurechnen, um sie so vergleichbar zu machen. Die folgende Tabelle zeigt das Ergebnis dieser Studie:

Höhe des finanziellen bzw. geldwerten Aufwands pro Spender und Spendenform

Einzelne Spendenformen	Von denen, die sich auf die jeweilige Art und Weise engagiert haben, haben in den vergangenen 12 Monaten investiert ...	Bemerkungen
Auf mindestens eine Art engagiert	8.100 Euro	Enthält Monetarisierung des Ehrenamts
Gründung/Finanzierung einer Stiftung oder eines Fördervereins	97.400 Euro	
Kooperation mit der öffentlichen Hand bei der Durchführung öffentlicher Aufgaben	16.700 Euro	
Einrichtung oder Finanzierung einer Institution als Mäzen	9.400 Euro	
Veranstaltung oder andere Kontakte mit ‚Stakeholdern'	8.200 Euro	
Eigenes Ehrenamt	6.200 Euro	Dahinter stehen 173 Stunden jährlich, die in der Studie mit je 30 Euro Stundensatz bewertet werden
Übernahme ehrenamtlicher Tätigkeiten durch Partner	3.100 Euro	Dahinter stehen 105 Stunden jährlich, die in der Studie mit je 30 Euro Stundensatz bewertet werden
Kostenlose Erbringung von Dienstleistungen	2.600 Euro	
Kostenlose Nutzungsüberlassung von Einrichtungen und Geräten	2.600 Euro	
Freistellung von Mitarbeitern für Ehrenamt	1.900 Euro	
Geldspende des Unternehmens	1.600 Euro	
Kostenlose Überlassung von Produkten und Waren	1.200 Euro	
Spendenaktionen, bei der ein festgelegter Teil des Verkaufserlöses gespendet wurde	1.100 Euro	
Geldspende aus Privatvermögen	1.100 Euro	

Quelle: Corporate Social Responsibility (2005)[5]

Erkennbar ist die Stiftung die teuerste Form des Engagements. Während die Geldspende im Schnitt 1.100 € aus dem Privatvermögen der Geld spendenden Inhaber von Unternehmen mobilisierte, betrug der Betrag bei der Gründung bzw. Finanzierung

---

5   Ebd. S. 10–12.

einer Stiftung 97.400 €. Eine Stiftung ist also nicht nur eine nachhaltige, sondern auch eine für den Spender besonders teure Spende.

Damit stellt sich die Frage nach der besonderen Motivlage. Wieso belassen es Stifter nicht dabei, ihr bürgerschaftliches Engagement in Form von Geld- und Zeitspenden zu zeigen? Diese Frage stellt sich um so mehr, als die StifterStudie der Bertelsmann Stiftung zeigen konnte[6], dass viele Motive, wie sie aus dem Freiwilligensurvey für Ehrenamtliche erkennbar sind, auch auf Stifter zutreffen, z.B. das Motiv, etwas für das Gemeinwohl tun zu wollen. Die Spende einer Stiftung ist in der Regel ebenso ein geselligkeitsorientierter Vorgang – ein weiteres starkes Motiv bei Zeitspendern –, wobei in starkem Maße Freunde, Ehepartner und Verwandte einbezogen werden, wenn nicht gar eine Gemeinschaftsstiftung oder eine Bürgerstiftung gegründet wird.

Ein hervorstechendes stiftungsspezifisches Motiv bei privaten Einzelstiftern ist allerdings das Ziel der alleinigen Gestaltungsmacht. Aus Untersuchungen zum Geldspendenmarkt ist das erhebliche Maß an Frustrationstoleranz der Spender bekannt: Sie geben Geld, obwohl sie häufig davon ausgehen, dass das Geld nur teilweise so verwendet wird, wie die sammelnden Organisationen es behaupten. Verständlich ist, dass diese Frustrationstoleranz abnimmt, je substantieller die Summen werden, um die es dabei geht, und je mehr sich der Spender als jemand versteht, der zu selbständigen Unternehmungen in der Lage ist. Die Errichtung der eigenen Stiftung soll sicherstellen, dass die Mittel tatsächlich auch so für die Zwecke verwendet werden, wie der Stifter sich das vorstellt – eine Gewähr, die er als Spender an eine große Organisation möglicherweise nicht hat.

71 Prozent der Privatstifter geben als Hauptgrund der Stiftungsgründung an, dass sie sicherstellen wollten, dass das Geld für sehr lange Zeit dem von ihnen gewünschten Zweck zugute kommt. Und 51 Prozent sagen, dass sie durch eine Stiftung selbst entscheiden können, wie ihr Geld verwendet wird. Das sind die beiden Hauptgründe, demgegenüber schon der Grund, der Nachwelt etwas Bleibendes hinterlassen zu wollen, mit 43 Prozent der Nennungen abfällt.[7]

Wie wichtig dieses Kontrollmotiv ist, zeigt ein Blick nach Frankreich, wo es bis 2003 Stiftern rechtlich gar nicht möglich war, eine Stiftung zu errichten, in der sie selbst das Sagen haben – und nach wie vor ist es übergreifender politischer Konsens in Frankreich, dass Stifter mit ihrer Familie und ihren Freunden letztlich nicht die Geschicke ihrer Stiftung bestimmen sollten.[8] Weil damit genau das Motiv der Kontrolle praktisch keine Chance hat, tragend zu werden, gibt es dort auch nur gut 1.000 rechtsfähige Stiftungen.[9]

---

6   A.a.O.
7   Ebd., S. 63.
8   Vgl. Rainer Sprengel: Frankreich, in: Stiftungen in Theorie, Recht und Praxis: Handbuch für ein modernes Stiftungswesen, a.a.O.; S.930-937.
9   Im Bereich der Stifter- und Testamentsmotive gibt es daneben noch eine wiederkehrende Konstante, in der die natürlichen Erbberechtigten dadurch motivieren, dass sie so wenig wie möglich erben sollen. Dieses spezielle Motivbündel kommt bei der Zeitspende, aber auch bei der einfachen Geldspende nicht vor.

Neben der Motivlage zur Stiftungsgründung kann man auch die Zielstellung von Stiftungen mit anderen Teilen der Zivilgesellschaft vergleichen. Ein Vergleichsmaßstab liefert der Freiwilligensurvey 2004, in dem die Freiwilligen und Ehrenamtlichen nach den Hauptbereichen ihres entsprechenden Engagements befragt wurden. Die Ergebnisse werden auf der folgenden Grafik den Stiftungszwecken derjenigen Stiftungen gegenübergestellt, die von privaten Stiftern (ohne Körperschaften) errichtet wurden. Da sowohl bei den Freiwilligen als auch bei den Stiftungen mehrere Angaben möglich waren, ergibt die Summierung jeweils mehr als 100 Prozent.

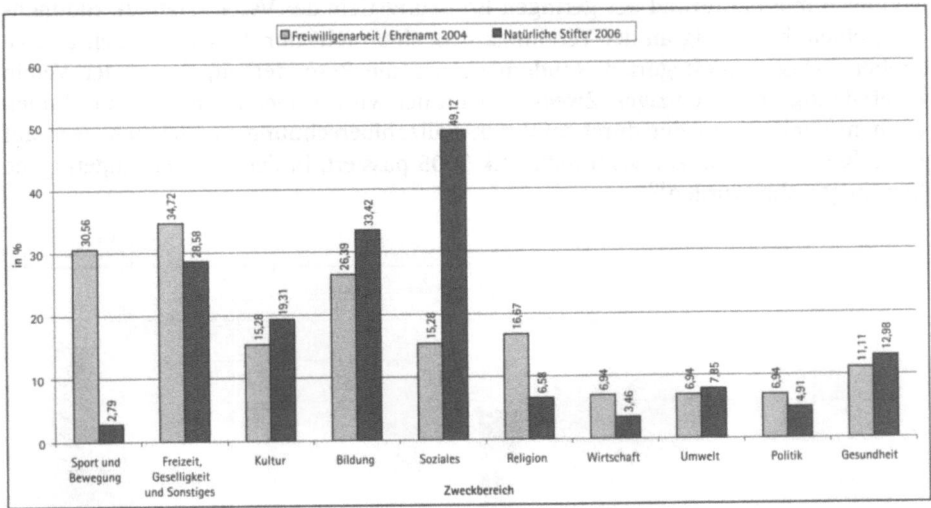

Grafik 10.1: Vergleich Freiwilliges Engagement/Stifterengagement

Zwei Bereiche fallen sofort wegen ihrer mehr als erheblichen Diskrepanzen auf: Sport und Soziales. Während im Bereich des Sports über 30 Prozent der Zeitspenden in Form der Freiwilligentätigkeit zu Hause sind, verfolgen keine drei Prozent der von Privatstiftern gegründeten Stiftungen diesen Zweck. Dafür verfolgen letztere zu fast 50 Prozent soziale Zwecke, während dies bei den Zeitspendern nur 15 Prozent tun. Auch in den Bereichen Religion und Wirtschaft sind die Differenzen erheblich. Hingegen liegen Bereiche wie Umwelt und Gesundheit nahe beieinander, was die relative Wichtigkeit angeht, die sie in ihren jeweiligen Formen des Bürgerschaftlichen Engagements innehaben. Insgesamt aber bleibt der Befund eindeutig, dass die Profile der Zeitspende und die der Stiftungsspende erheblich voneinander abweichen. Das Stiftungswesen ist nicht einfach ein Abziehbild des gesamten Bürgerschaftlichen Engagements mit dem einzigen Unterschied einer anderen Aktions- und Rechtsform, sondern es lagert um einen anderen Schwerpunkt, der insbesondere auf das Soziale ausgerichtet ist.

Eine weitere Vergleichsebene bietet sich im Vergleich des Stiftungswesens mit anderen Organisationsformen. In MI Statistik 2001 konnte dazu auf Material aus dem Johns-Hopkins-Nonprofit-Sector-Project zurückgegriffen werden. Allerdings bestand damals schon das Problem, dass die verfügbaren empirischen Zahlen aus diesem Projekt für Deutschland aus den Jahren 1995-1997 stammten. Angesichts der in diesen Statistiken an verschiedenen Stellen schon deutlich gewordenen Dynamiken macht es keinen Sinn mehr, auf solche Zahlen unmittelbar vergleichend Bezug zu nehmen.

Eine rudimentäre Vergleichsebene bietet die seit 2001 alle zwei Jahre vorgelegte Vereinsstatistik, welche die in die Vereinsregister eingetragenen Vereine zählt. Dieser Vergleich muss aufgrund der geringen Erfassungstiefe der Vereinsstatistik rudimentär bleiben. Nachteilig an der Vereinsstatistik sind nicht nur die zu geringen und zu groben Erfassungskategorien, sondern ebenso die Besonderheit, dass jeder Verein eineindeutig einem einzigen Zweck zugeordnet wird. Daher kann man die Zahlen auch nur mit denen der durchgeführten Fallzahlberechnung vergleichen, was auf der folgenden Grafik zur Vereinsstatistik 2005 passiert, in der 594.377 eingetragene Vereine gezählt wurden[10].

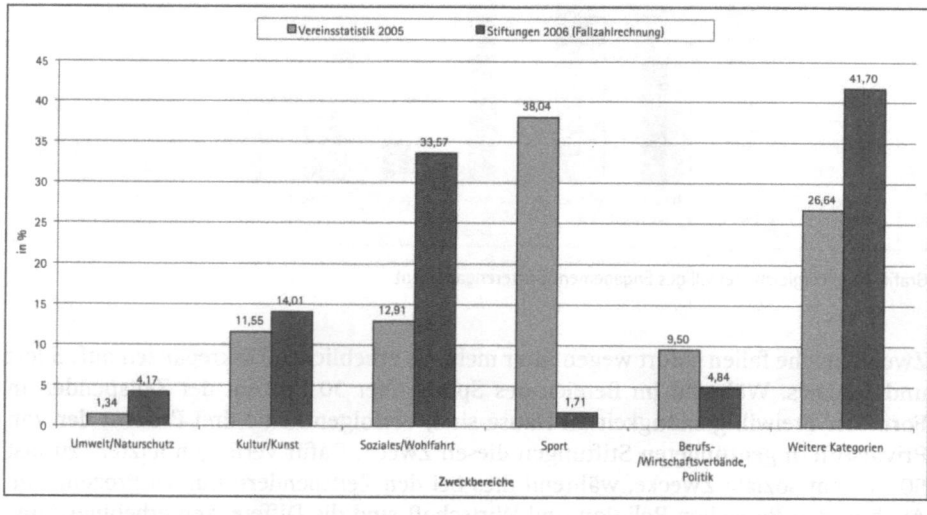

Grafik 10.2: Vergleich Tätigkeitsbereich Vereine/Stiftungen

10   Wolfgang Happes, Vereinsstatistik 2005, Konstanz: nonprofit verlag & service, 2005.

Der Befund bestätigt das anhand des Vergleichs zu den Zeitspendern gewonnene Bild. Der Schwerpunkt des Vereinswesens lagert um den Sport, der des Stiftungswesens um das Soziale, wobei man bei dieser Aussage nicht vergessen darf, dass auf eine Stiftung 30 eingetragene Vereine kommen. Absolut betrachtet gibt es daher mehr Sozialvereine als Sozialstiftungen, nämlich 76.757 Vereine gegenüber 5.575 in der Datenbank erfassten Sozialstiftungen. Das relative Gewicht dieser Vereine ist aber geringer, da das Vereinswesen vom Sport mit 226.120 eingetragenen Vereinen dominiert wird. Wie bei den Zeitspendern sind auch im Stiftungswesen Kultur/Kunst und Umwelt/Tierschutz relativ betrachtet bedeutsamer. Während der relative Unterschied vom persönlichen Engagement im Bereich Kunst/Kultur kaum abweicht, ist die Differenz im Bereich Umweltschutz zwischen eingetragenen Vereinen und Stiftungen erheblicher als beim Vergleich zwischen Stifterengagement und Zeitspendern.

Was lässt sich als Ergebnis dieser über Strukturformen gehenden Vergleiche zwischen Zeitspendern und Vereinen auf der einen, Stiftern und Stiftungen auf der anderen Seite festhalten?

Man muss zuallererst die erhebliche strukturelle Differenz als Forschungsthema betonen. Die Stiftung ist nicht einfach als ein tätigkeitsneutraler Organisationstypus neben anderen Organisationstypen anzusehen. In die Entscheidung für die Gründung einer Stiftung fließen *Tätigkeitspräferenzen* prägend ein. Gerade weil der Begriff Stiftung nicht auf eine spezifische Rechtsform reduziert werden kann, sondern offen ist für das weite Feld der Stiftungen in Körperschaftsform (Stiftung GmbH, Stiftung e. V. usw.), ist dieser Befund besonders interessant. Er berechtigt zu der Annahme, dass zum Phänomen Stiftung in Deutschland eine Idee gehört, die oberhalb der rechtlichen Konkretisierung angesiedelt ist. Sie ist verbunden mit der Überlegung, für welche Tätigkeiten eine Stiftung typischerweise überhaupt in Betracht zu ziehen ist, und für welche (eher) nicht. Vielfach angeführte Kernbegriffe wie ‚Bindung an den Stifterwillen‘ oder ‚dauerhafte Vermögensbindung an einen Zweck‘ als Parameter der Entscheidung, ob jemand oder etwas zum Stifter wird, reichen anscheinend nicht aus, um dem tatsächlichen Stifterhandeln in der Bundesrepublik gerecht zu werden. Ein unerwartetes Ergebnis.

Transparenz und Stiftungswesen

Das Thema Transparenz beinhaltet viele Implikationen politischer, ethischer und gesellschaftlicher Natur. Für den Bereich des Stiftungswesens wird mehr Transparenz aus unterschiedlichen Gründen eingefordert. Als Argumentationen begegnen, ohne Anspruch auf Vollständigkeit:

- Transparenz trägt zur Förderung des Stiftungswesens bei, indem es zum Nachmachen ermuntert.
- Transparenz sorgt für gute Sitten.
- Transparenz als ein reines Tête-à-Tête zwischen Staat und Stiftung, unter Ausschluss von Bürgern und Medien, ist ein Relikt einer obrigkeitsstaatlichen Epoche und einer Demokratie des mündigen Bürgers unangemessen.
- Transparenz ist zumindest für gemeinnützige Stiftungen der Preis ihrer steuerrechtlichen Privilegierung.
- Transparenz stärkt als Prinzip die Demokratie.
- Eine vitale Zivilgesellschaft als dritte Säule neben demokratischem Staat und freiem Markt bedarf des freien Zugangs zur Information, erfordert also transparente Verhältnisse und fordert diese auch ein.
- Organisationen des Dritten Sektors, ob Vereine, Stiftungen, gemeinnützige Aktiengesellschaften oder andere Organisationstypen, haben daher allen Grund, von sich aus für Transparenz zu sorgen.

Diese Argumentationen illustrieren, dass es bei der Transparenz des Stiftungswesens nicht um irgendeinen Selbstzweck geht. Vielmehr geht es um die Frage, in welcher Gesellschaft wir leben und in welcher wir leben wollen, wie sie politisch-institutionell ausgestaltet ist und wie die Balance zwischen Staat, Privatheit und von privater Seite in freier Entscheidung hervorgebrachten Organisationen auszugestalten ist.

Im Folgenden soll daher mit statistischen Mitteln betrachtet werden, inwiefern das Stiftungswesen für den einzelnen Bürger und die Zivilgesellschaft transparent ist bzw. es sich transparent macht. Weiterhin wird bezogen auf die Transparenzthematik untersucht, ob es eigentlich ‚das‘ Stiftungswesen gibt oder ob nicht signifikante Unterschiede auftreten, je nachdem in welchem Zweckbereich eine Stiftung tätig ist, von wem eine Stiftung gegründet wurde usw. Es ist kein Thema dieses Kapitels, ob Stiftungen für staatliche Institutionen (zum Beispiel Aufsichtsbehörden) oder für ihre Stifter transparent sind oder nicht.

In MI Statistik 2001 bestand ein erster Zugriff auf die Transparenzthematik in der Messung des Informationsverhaltens von Stiftungen in Form von Jahresberichten. Die entsprechende Grafik sei hier im Folgenden reproduziert. Die ersten drei Werte auf der Grafik berechnen das prozentuale Verhältnis zwischen erfassten Stiftungen und Stiftungen, die angeben, Jahresberichte zu verfassen. Der Wert MI 1998 mit

10 Prozent entspringt einer Ende 1998 durchgeführten Auswertung, der Wert MI 2001 dem Stand 2001. Zum Vergleich wurde mit dem Kürzel BDS 2000 B der Wert angeführt, der sich analog in der Datenbank des BDS anhand der veröffentlichten Werte präsentiert: die respektiven Werte sind 10 Prozent, 9,7 Prozent und 9,9 Prozent. Das bedeutet: 90 Prozent der Stiftungen legten der Öffentlichkeit keine Jahresberichte vor.

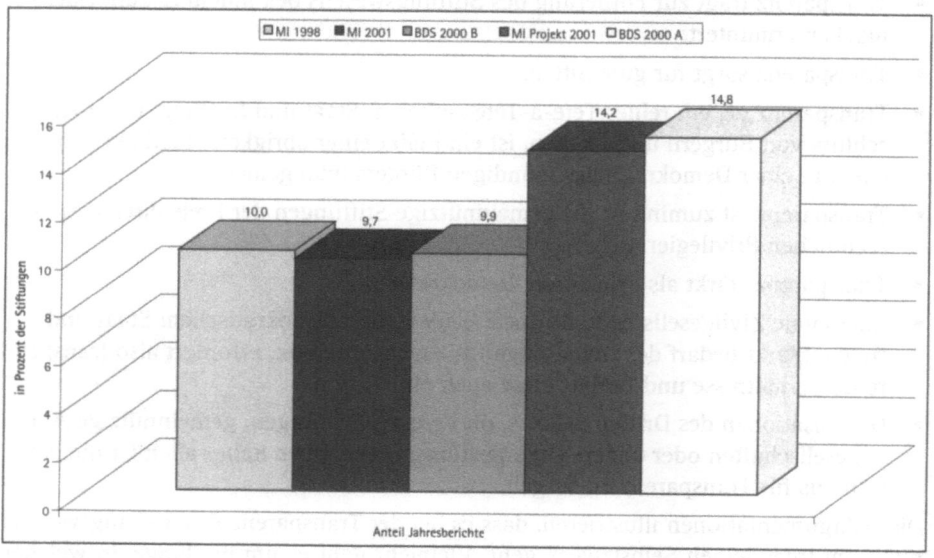

Grafik 11.1: Jahresberichte

Gerade derart niedrige Werte könnten den Verdacht rechtfertigen, dass es sich hierbei um eine vernachlässigte Kategorie bei denjenigen handelt, die eine Datenbank pflegen. Die beiden Balken mit den Werten 14,2 Prozent und 14,8 Prozent räumen diesen Verdacht aus. Sie kommen zustande, da bei ihnen nur solche Stiftungen berücksichtigt werden, die durch praktisches Verhalten in der ein oder anderen Weise dokumentieren, dass sie es nicht grundsätzlich ablehnen, zivilgesellschaftliche Akteure oder einzelne Bürger zumindest über Aspekte ihres Handelns zu informieren. Der Wert ‚MI Projekt' geht zurück auf ein von Praktikanten im Informationscentrum des Maecenata Instituts Anfang 2001 durchgeführtes Projekt. Bei diesem wurden insbesondere via Internet Stiftungen recherchiert, deren Informationsverhalten die Möglichkeit nahe legten, dass sie auch über einen Jahresbericht verfügen, der zur Erweiterung der Bibliothek angefordert wurde. Von den 260 angeschriebenen bzw. zumeist per E-Mail kontaktierten Stiftungen publizierten de facto 37, also 14,2 Prozent, Jahresberichte für die Öffentlichkeit. Der Wert ‚BDS 2000 A' mit 14,8 Prozent berücksichtigt wiederum die in der BDS Statistik 2000 veröffentlichte Zahl. Allerdings wurde diesmal lediglich die Menge der Stiftungen berücksichtigt, die im Rahmen der Befragung des Bundesverbandes den versandten Fragebogen mehr oder weniger ausgefüllt zurückgesandt hatten. Wenn selbst erkennbar öffentlichkeitsinteressierte oder zumindest dem öffentlichen Interesse nicht abgeneigte Stiftungen nur zu 14 bis 15 Prozent Jahresberichte anfertigen, ist es gerechtfertigt, für den Gesamtbereich des Stiftungswesens nicht mehr als 10 Prozent anzunehmen.

Ohne verbindliche Standards für die Berichterstattung und ohne Qualitätskontrollen ist allerdings der Indikator Jahresbericht für die Transparenzthematik auch von der Sache her kaum geeignet, wie eine Untersuchung des Maecenata Instituts zu den Verwaltungskosten von Förderstiftungen zeigte.[1]

Untersuchungsobjekte waren dabei 33 Jahres- und Wirtschaftsprüferberichte von 25 Förderstiftungen aus den Jahren 1998 bis 2001. Ein kursorischer Überblick ergab den (erwartbaren) Befund, dass Verwaltungskosten höchst heterogen dargestellt werden. In einem Steuerprüferbericht wurde etwa unter der Position der ‚sonstigen Ausgaben‘ ein Posten für Verwaltungskosten ausgewiesen und getrennt davon Kosten für Buchhaltung; andererseits gab es Förderstiftungen, die sämtliche Ausgaben, die nicht in die unmittelbare Zweckerfüllung flossen, als Verwaltungskosten darstellten. Dabei war erkennbar, dass ein Teil dieser Kosten bei anderen Stiftungen ganz selbstverständlich nicht als Verwaltungskosten, sondern als mittelbare Zweckerfüllung, etwa in Form von aufklärerischer Öffentlichkeitsarbeit oder als Projektkosten dargestellt wurden.

Bei der Durchsicht wurde zudem deutlich, dass auch die Darstellung der Dimension Fundraising/Öffentlichkeitsarbeit, die steuertechnisch in den Jahres- und Wirtschaftsprüferberichten zusammen betrachtet werden, erhebliche Unterschiede aufwies. Neben Sammelpositionen gibt es Stiftungen, die ihr öffentliches Auftreten in Kosten für Verlagstätigkeit (Zeitschrift), Fundraisingwerbung, allgemeine Öffentlichkeitsarbeit und mittelbare Zweckerfüllung durch Öffentlichkeitsarbeit aufsplitten.

Die eingehende Analyse des Zahlenmaterials ergab dabei folgendes grundsätzliches Ergebnis: Die feststellbaren Variationen bei den Kennzahlen und deren Relation zueinander lassen sich danach gruppieren, wer der *Prinzipal der Stiftung* ist, wobei die Variable der Finanzierungsstruktur ergänzende Differenzierungen ermöglicht. Auszunehmen sind davon lediglich diejenigen vermögensbasierten Stiftungen, die von Individualstiftern errichtet wurden.

Im Einzelnen zeigte sich:

Fundraisingstiftungen präsentierten durchweg die niedrigsten Verwaltungskosten, rangierten aber bei der Kennzahl, mit welcher der effektive Ertrag für den unmittelbaren Zweck gemessen wurde, auf den hinteren Plätzen. Tatsächlich wird von ihnen

---

1   Vgl. zum Folgenden ausführlich: Susanne Rindt, Rainer Sprengel, Rupert Graf Strachwitz: Die Verwaltungskosten von Nonprofit-Organisationen, in: Maecenata Jahrbuch für Philanthropie und Zivilgesellschaft, Berlin, 2004, S. 151-200.

nur ein geringer Teil der indirekten Kosten zu Verwaltungskosten deklariert. Mit der Darstellung besonders niedriger Verwaltungskosten wird auf einen Spendenmarkt reagiert, auf dem viele Spender kaum bereit sind zu akzeptieren, dass von ihrer Spende Geld in ‚die Verwaltung' fließt.

Unternehmensverbundene Stiftungen zeigen sich relativ unauffällig und befinden sich bei der Darstellung ihrer Verwaltungskosten wie auch des effektiven Ertrags jeweils im mittleren Bereich der Werte. Tatsächlich unterscheiden sie nicht oder nur wenig zwischen präsentierten Verwaltungskosten und indirekten Kosten überhaupt. Dieser fehlende Drang nach Exzellenz überrascht auf den ersten Blick, könnte man doch vermuten, dass Wirtschaftsunternehmen auch durch ihre Stiftung ihre Effektivität und Effizienz unter Beweis stellen möchten. Tatsächlich gab es im Sample auch eine Ausnahme, die sich mehr Mühe machte und dadurch als einzige Stiftung bei den Verwaltungskosten in die Phalanx der scheinbar glänzend verwalteten Fundraisingstiftungen eindrang (ohne danach so weit nach hinten zu rutschen wie diese): Hierbei handelte es sich um einen Finanzdienstleister mit erheblichen Interessen im Stiftungsgeschäft. Ansonsten lassen es diese Stiftungen lax angehen, was ein Hinweis darauf sein dürfte, dass das stiftende Unternehmen seine Kontrolle über die Stiftung anders herstellt, mithin eine entsprechende Aufbereitung der Kostenstrukturen aus der Sicht des stiftenden Unternehmens Zeit- und Geldverschwendung ist.

Die dritte Gruppe bilden die *zuwendungsbasierten Stiftungen der öffentlichen Hand*. Obwohl oder vielmehr weil diese wie die Fundraisingstiftungen immer wieder von ihrem Geldgeber, der öffentlichen Hand, Mittel zugewiesen bekommen müssen, handeln sie strikt konträr zum Verfahren der Fundraisingstiftungen. In ihren Darstellungen sind die Verwaltungskosten besonders hoch. Vermutlich soll das signalisieren, dass es sich hierbei um nicht einsparbare Geldbeträge handele – und je höher die vom Zuwendungsgeber akzeptierten Fixkosten sind, desto wahrscheinlicher ist es, entsprechend mehr Geld für Förderungen und Projektmittel zugewiesen zu bekommen, die ja erst die Existenz dieser fixen Kosten rechtfertigen.

Ganz anders handeln wiederum die *vermögensbasierten Stiftungen der öffentlichen Hand*, insbesondere die vom Bund gestifteten. Wenn auch nicht so weitgehend wie bei den Fundraisingstiftungen, entstehen bei ihnen deutliche Unterschiede zwischen der Darstellung von Verwaltungskosten und derjenigen der indirekten Kosten. Das dürfte darauf hindeuten, dass die Gremien dieser Stiftungen einen Druck durch allgemeine öffentliche Aufmerksamkeit spüren und deshalb ihr Geschäftsgebaren penibler darstellen. Mithin müssen sie sich mit Erwartungen auseinandersetzen, wie sie Fundraisingstiftungen sehr direkt durch die Spender ausgesetzt sind, die eine spezifische Teilmenge der Öffentlichkeit darstellen. Das heißt konkret, dass sie sich nicht dem Vorwurf aussetzen wollen, zu viel Geld ‚lediglich' für Verwaltung auszugeben.

Lediglich die Gruppe der von Individuen errichteten, vermögensbasierten Stiftungen geben ein heterogenes Bild ab. Das mag man als ein Indiz für eine besondere Individualität von Stiftungen, die von Privatstiftern errichtet werden, werten wollen.

Mit den Ergebnissen dieser Untersuchung zeigte sich für den Autor das Thema Jahresbericht und Transparenz in einem anderen Licht: Es gibt keine positive Korrelation zwischen diesen beiden Faktoren. Auch wenn alle Stiftungen einen Jahresbericht veröffentlichen würden, wäre der Stiftungsbereich dadurch nicht transparent.

Hinzu kommt, dass das weltweite Web einen kostengünstigen und etablierten Kommunikations- und Informationsraum darstellt, in dem sich andere Verkehrsformen und Arten der Informationsvermittlung durchsetzen. Transparenz und Jahresbericht treten gerade dort auseinander. Letzterer ist eine vielleicht nützliche Datei zum Download, doch die Transparenz einer Einrichtung via Web, inklusive Kontaktmöglichkeit und effektiver Reaktion auf Kontaktaufnahme, ist eine ganz andere Frage. Entsprechend wird der Indikator Jahresbericht in diesen Statistiken nicht weiter aktualisiert.

Nun bieten zwei Datenbanken Informationen über viele tausend Stiftungen an, wobei diese Angaben ja zu einem sehr großen Teil aus Fragebögen oder über direkte Mitteilungen von Stiftungen stammen. Betrachtet man das Set an Fragen, so reicht die Spanne vom Namen der Stiftung über ihre Zwecke, ihr Errichtungsjahr, den oder die Stifter bis hin zu Angaben zu Vermögen und Ausgaben. Dabei ist es immer möglich, dass Stiftungen diese Angaben nur zu statistischen Zwecken zulassen, also ihre sonstige Publikation unterbinden. Von Umfang und Inhalt her liegen die abgefragten Daten weit unterhalb der Schwelle der Informationen, die in den USA gesetzlich vorgeschrieben von Stiftungen publiziert werden müssen.

Intransparenz kommt in Bezug auf die Erfassung in einer der beiden Datenbanken in zwei Formen vor. Erstens werden Informationen überhaupt verweigert. Diese Form kann eine Totalverweigerung gegenüber jeder Form von Öffentlichkeit sein, oder aber sich nur gegen bestimmte Teile der Öffentlichkeit richten. Beide Formen sind aus der Pflege der Datenbank am Maecenata Institut bekannt. Zweitens werden Informationen nur selektiv mitgeteilt oder veröffentlicht. Diese Dimension wird auf der Grafik 11.2 kenntlich gemacht. Das Stiftungswesen ist je nach Sachfrage unterschiedlich auskunftsfreudig.

Gezeigt werden die fehlenden Angaben in zentralen Kategorien der Datenbank, wobei eine interne Auswertung, die Ende 1998 vorgenommen wurde, mit dem Stand MI Statistik 2001 und dem aktuellen Erfassungsstand verglichen wird. Ein Teil der geringfügigen Erhöhungen seit 2001 dürfte darauf zurückzuführen sein, dass Neuaufnahmen mit rudimentären Datensätzen beginnen, die erst nach und nach vervollständigt werden. Da man es seit Jahren mit steigenden Stiftungserrichtungen zu tun hat, wirkt sich das zwangsläufig in einer prozentualen Erhöhung fehlender Angaben aus. Der auffällige Sprung bei der Art der Tätigkeit lässt die Frage aufkommen, ob es bei dieser Kategorie eher Besonderheiten im ausgewerteten Material oder aber andere Faktoren in der Pflegestrategie sind.

Über den Vergleichszeitraum hinweg bleibt eines besonders sinnfällig: Ausgaben und Vermögen, also die Indikatoren für die wirtschaftlichen Verhältnisse, sind die beiden mit Abstand am wenigsten kommunizierten Kategorien. Offensichtlich werden Infor-

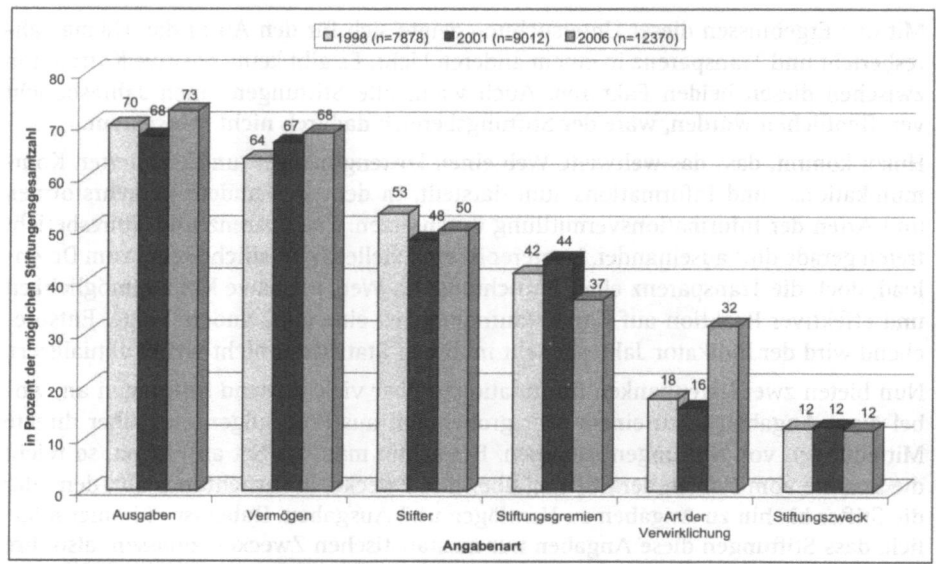

Grafik 11.2: Fehlende Angaben in den Stiftungsdatensätzen 1998, 2001, 2006

mationen zum Bereich Finanzen als besonders sensibel eingeschätzt und sollen daher nur Staatsbehörden und Funktionsträgern offengelegt werden. Es liegt daher nahe, gerade diese Kategorien zu einem Ankerpunkt verfeinernder Analysen zu machen.

Noch etwas anderes spricht dafür, Vermögen und Ausgaben zum Indikator für effektive Transparenz zu machen. Bei einer Betrachtung der im Abschnitt ‚Wirtschaftliches‘ ausgewerteten Datensätze kann man feststellen: Wenn Angaben zu Vermögen oder Ausgaben bekannt sind, liegen in fast allen Fällen auch Angaben zum Stiftertypus, zur Art der Verwirklichung oder zum Stiftungszweck vor – während das Umgekehrte eben nicht gilt. Das bedeutet, dass Ausgaben- oder Vermögensangaben diejenigen Stiftungen indexieren, die von sich aus umfassend Transparenz herstellen, während alle anderen Stiftungen dies nur in unterschiedlichen Abstufungen tun.

Die folgenden Grafiken nutzen die Indikatorfunktion der finanziellen Dimension, um das Transparenzverhalten im Stiftungswesen differenziert zu betrachten.

Bei der Grafik 11.3 geht es um den Zusammenhang von Stiftertypus und Transparenz. Tatsächlich verhalten sich die Stiftungen sehr unterschiedlich, je nachdem, von wem sie gegründet wurden. Stiftungen, die von natürlichen Stiftern oder von Vereinen gegründet wurden, sind in besonderer Weise abgeneigt, die sensiblen Informationen über Ausgaben oder Vermögen mitzuteilen. Bei von öffentlichen Körperschaften und Unternehmen errichteten Stiftungen ist hingegen mehr Informationsfreude zu erkennen.

Besonders interessant ist dabei allerdings das Verhalten von Stiftungen, die von Unternehmen errichtet wurden: über das Vermögen wird deutlich freimütiger informiert als über die Ausgaben. Den 62 Prozent Vermögensangaben stehen 45,8 Prozent Ausgabenangaben bei den Stiftungen gegenüber, die von Unternehmen errichtet wurden – in MI Statistik lauteten die Werte 66,4 Prozent und 52,8 Prozent. Ein zentraler Grund ist naheliegend: Die Zahl der Vermögensangabe ist 15 bis 25 mal höher als die der jährlichen Ausgaben, wenn die Stiftung ihre Ausgaben im wesentlichen aus Vermögen bestreiten soll (da Stiftungen zugleich Transmissionsriemen der laufenden Spendentätigkeit des stiftenden Unternehmens sein können, braucht dieser Abstand allerdings in der Praxis nicht so hoch sein). Für die externe Unternehmenskommunikation ist die hohe Vermögens-Zahl einfacher und eindrucksvoller zu platzieren. Für den Verkauf der Ausgabenhöhe hingegen, die ja nur einen Bruchteil des Vermögens ausmachen kann, wenn sie aus deren Rendite kommt, ist genau das dann eher ein Problem.

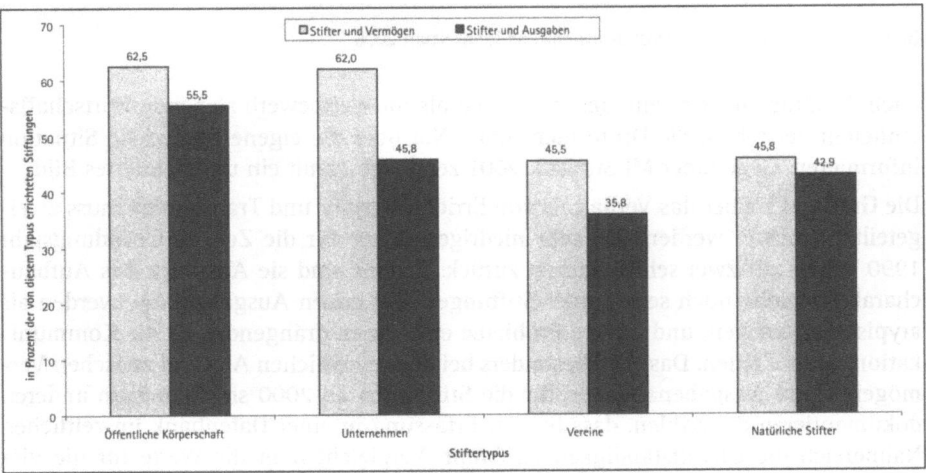

Grafik 11.3: Ausgaben-/Vermögenstransparenz und Stiftertypus 2006

In der Grafik 11.4 geht es um die Dimension der Tätigkeitsart als Indikator für Transparenzverhalten. Am auskunftsfreudigsten erweisen sich hier diejenigen Stiftungen, die zugleich fördernd und operativ tätig sind, mit deutlichem Abstand vor denjenigen Stiftungen, die entweder nur fördernd oder nur operativ agieren. Bei diesen wiederum fällt das atypische Schema auf, das bei den operativen Stiftungen vorliegt. Obgleich für alle Stiftungsdatensätze zusammen gilt, dass etwas mehr Vermögensdaten als Ausgabendaten bekannt sind, verhält es sich bei den rein operativ tätigen Stiftungen genau umgekehrt. Das kann unter anderem daran liegen, dass solche Stiftungen bei der Bezifferung ihres Vermögens besondere Schwierigkeiten sehen. Die Tatsache, dass die rein operativen Stiftungen insgesamt am verschlossensten sind, dürfte allerdings

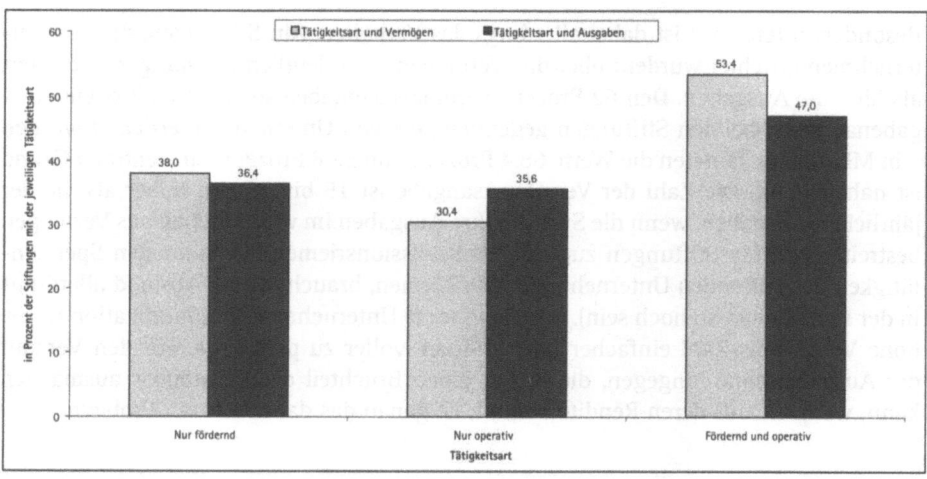

Grafik 11.4: Ausgaben-/Vermögenstransparenz und Tätigkeitsart 2006

auch Ausdruck davon sein, dass viele sich als im Wettbewerb stehende Wirtschafts-
einheiten verstehen, die Dritte nicht ohne Not über die eigene finanzielle Situation
informieren. Gegenüber MI Statistik 2001 zeigt sich damit ein unverändertes Bild.

Die Grafik 11.5 über das Verhältnis von Errichtungsjahr und Transparenz muss zwei-
geteilt betrachtet werden. Die sehr niedrigen Werte für die Zeit ab Gründungsjahr
1990 gehen auf zwei sehr Faktoren zurück. Erstens sind sie Ausdruck des Aufbau-
charakters vieler noch sehr junger Stiftungen. Die ersten Ausgabenjahre werden als
atypisch angesehen, und andere Probleme erscheinen drängender als die Kommuni-
kation dieser Zahlen. Das wird besonders bei dem erheblichen Abstand zwischen Ver-
mögens- und Ausgabenangaben für die Stiftungen ab 2000 sichtbar. Zum anderen
dokumentieren die Zahlen, dass bei der Erfassung in einer Datenbank im zeitlichen
Nahbereich die Unvollständigkeit zunimmt. Vergleicht man die Werte für die vier
Balken vor 1949 bis zu 1990-1999 mit denen aus MI Statistik 2001, so sind alle Werte
zwischen 1,1 Prozentpunkte und 3,7 Prozentpunkte angewachsen.

In der Grafik 11.6 wird schließlich der Zusammenhang zwischen Zweckbereich und
Transparenz der Ausgaben und der Vermögensangaben dargestellt. Es sind außerordentlich deutliche Diskrepanzen zu erkennen. Die Zweckbereiche ‚Familienangehörige des Stifters‘ und ‚Betriebsangehörige‘ sind generell am undurchsichtigsten.
Bedenkt man die eingangs aufgezählten Argumente für ein Einfordern von Transparenz, so handelt es sich hierbei um jene Zweckbereiche, die in der Tat aus zivil-
gesellschaftlicher Sicht zu vernachlässigen sind oder die die Öffentlichkeit sowieso
nichts angehen, da sie der Privatsphäre zuzuordnen sind. Doch auch bei den anderen
Zwecken sind die Diskrepanzen erheblich.

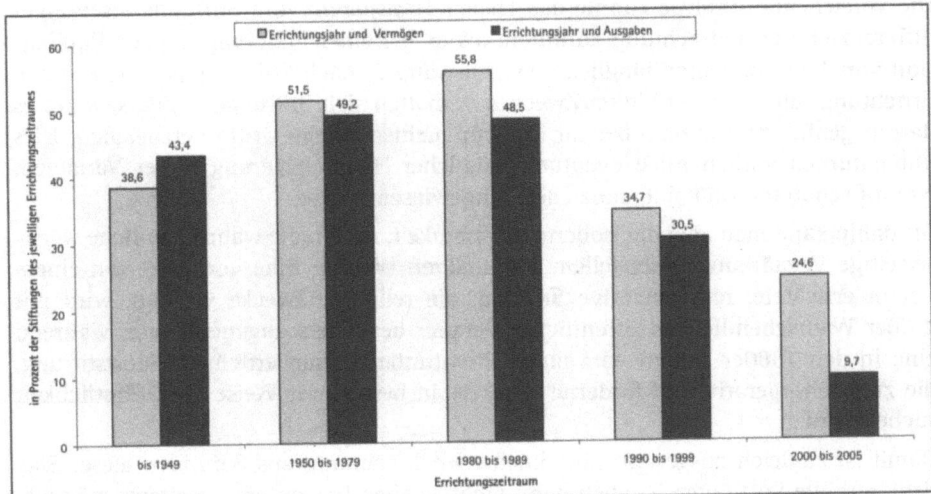

Grafik 11.5: Ausgaben-/Vermögenstransparenz und Errichtungsjahr

Ebenso auffällig ist zugleich, dass das Verhältnis zwischen Vermögensangaben und Bezifferung der Ausgaben innerhalb der Zwecke sehr unterschiedlich ausfällt. In den Bereichen ‚Sonstiges' oder ‚Verbraucherschutz' besteht praktisch kein Unterschied, während der Abstand bei Umwelt- und Tierschutzstiftungen 12 Prozentpunkte beträgt.

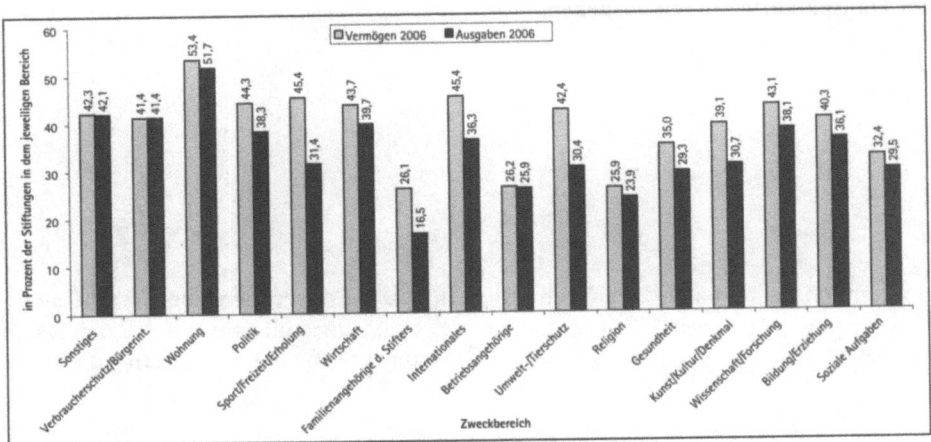

Grafik 11.6: Vorhandene Angaben Ausgaben unterschieden nach Zwecken 2006

Die vorstehende Analyse konnte das Thema Transparenz und Stiftungswesen einer differenzierteren Betrachtung zuführen, als es bei einer Fixierung auf die Publikation von Jahresberichten möglich gewesen wäre. Je nach Stiftertypus, Tätigkeitsart, Errichtungsjahr oder verfolgten Zwecken verhalten sich Stiftungen anders, wenn es darum geht, Transparenz über ihr Tun für nichtstaatliche Dritte herzustellen. Dies gilt natürlich vorbehaltlich eventuell möglicher Hierarchisierung dieser Variablen, worauf schon im Kapitel ‚Finanzielles' hingewiesen wurde.

Bis dahin kann man aber die isolierte Wirksamkeit, mithin die wahrscheinliche wechselseitige Verstärkung unterstellen. Mit anderen Worten: Eine vor 1949 von einem Verein errichtete, rein operative Stiftung, die religiöse Zwecke verfolgt, wird mit großer Wahrscheinlichkeit öffentlicher Neugier besonders abgeneigt sein, während eine in den 1980er Jahren von einem Privatunternehmen errichtete Sportstiftung, die zugleich operativ und fördernd tätig ist, in besonderer Weise die Öffentlichkeit suchen wird.

Damit ist zugleich ausgesagt: Eine lineare Hochrechnung aus Befunden dieser Statistik auf alle Stiftungen ist auch dann nicht in allen Fragen ohne weiteres möglich, wenn man die Gesamtzahl aller Stiftungen kennt oder zumindest plausibel schätzt. *Die Informationsausfälle sind nicht rein zufälliger Natur, sondern haben identifizierbare systematische Gründe. Der Datenbestand liefert insofern also nicht einfach ein verkleinertes Abbild eines größeren Ganzen, sondern diese Verkleinerung ist wie in einem gekrümmten Spiegel durch die Krümmungen dieses Spiegels verzerrt.*

Wenn man also die Ausgaben von einem Drittel der deutschen Stiftungen kennt, kann man nicht einfach diese Summe mal drei nehmen, um eine Gesamtausgabensumme aller Stiftungen zu erhalten. Vielmehr muss man von den aufgezeigten Unterschieden im Transparenzverhalten ausgehen.

Wachstum des Stiftungswesens:
Ein Ausblick auf sein natürliches Ende

Die 1980er Jahre gelten unstrittig als die ersten Boomjahre des Stiftungswesens in Deutschland. Die erhebliche Stiftungserrichtungsdynamik führt seitdem zu einem misslichen Phänomen. In Medien und Fachliteratur findet man als aktuelle Zahlen stets Werte, die mehrere Jahre alt sind. Daher soll im Folgenden der Versuch gemacht werden, bereits jetzt die Zahlen für 2010 und später zu fixieren. Zugleich wird dabei dargelegt, wie sich diese Zahlen zusammensetzen. Das wird abschließend einen Ausblick auf die Bedeutung des absehbaren Endes des Stiftungswachstums erlauben.

Im Jahr 2010 wird das nicht kirchliche Stiftungswesen deutlich mehr als 20.000 Stiftungen umfassen. Schon im Jahr 2007 wird dieser Grenzwert von 20.000 überschritten sein. Auf welchen Zahlen und Tendenzen beruht eine solche Prognose? Und welche Unschärfe liegt in dieser Zahl, wie übrigens in jeder Wasserstandsmeldung zur absoluten Menge an Stiftungen in Deutschland?

Den Ausgangspunkt bei der Bildung solcher Zahlen bilden Erfassung bzw. Schätzung der Ist-Bestände für die Formen der rechtsfähigen wie unselbständigen Stiftungen bürgerlichen Rechts, der Stiftungen in Körperschaftsform (AG, GmbH, Verein) und der Stiftungen öffentlichen Rechts. In die Schätzung des Ist-Bestandes gehen unterschiedliche Werte ein.

Ausgehend von Werten 2004 habe ich 2005 eine entsprechende Rechnung mit Zahlen für 2007 publiziert.[1] Die Prognose ist in vollem Umfang eingetreten. Entsprechend kann das Verfahren hier reproduziert werden:

„Für die rechtsfähigen Stiftungen bürgerlichen Rechts wird für 2004 vom Bundesverband Deutscher Stiftungen der Wert mit 12.940 Stiftungen angegeben;[2] das Maecenata Institut hat seinerseits als Wert für die unselbständigen Stiftungen in kommunaler Trägerschaft 1.800 bis 2.000 für das Jahr 2000 ermittelt. Da es sich hierbei in starkem Maße um Altstiftungen handelt, gibt es keinen Grund, diese Zahl permanent nach oben oder unten korrigieren zu wollen. Beide Zahlen ergeben zusammen gesicherte 15.000 Stiftungen.

Schwieriger gestaltet sich die Schätzung der Werte für die Stiftungen öffentlichen Rechts, die unselbständigen Stiftungen in privater Trägerschaft sowie in öffentlicher Trägerschaft jenseits der Kommunen, z.B. bei Universitäten, sowie schließlich der Stiftungen in Körperschaftsform (GmbH, Verein, AG u.ä.). Die Greifbarkeit dieser Formen ist deutlich schwieriger und bleibt unsystematisch, weil eine kanalisierende

---

1   Vgl. Rainer Sprengel: Stiftungen in der Gesellschaft aus der Perspektive sozialwissenschaftlicher Statistik, in: Stiftungen in Theorie, Recht und Praxis: Handbuch für ein modernes Stiftungswesen, a.a.O., S. 105-120.
2   Zahlen, Daten, Fakten zum deutschen Stiftungswesen/Susan Schimroszik, Ulrich F. Brömmling, Dagmar Löttgen [Redaktionelle Mitarbeit]; Gunda Sauerbrey [Projektleitung und Statistik], Bundesverband Deutscher Stiftungen e.V. [Hrsg.], 2. Aufl. <1. Aufl. 2005>, Darmstadt : Hoppenstedt, 2001, S. A 3.

Institution wie die Stiftungsaufsicht fehlt. Zugleich hat man es bei all diesen Formen mit erkennbar dynamischen Subsektoren zu tun, ohne aber wirklich feststellen zu können, ob die jeweilige Dynamik höher oder niedriger als in anderen Teilbereichen des Stiftungswesens ist. Ganz orientierungslos ist man gleichwohl nicht. So waren von den genannten Formen 1998 in der Maecenata Datenbank 894 Stiftungen erfasst, drei Jahre später 1.056. Das entspricht einer Steigerung um 18 Prozent, während im gleichen Zeitraum die erfassten rechtsfähigen Stiftungen bürgerlichen Rechts in der Datenbank um 15 Prozent zunahmen. Nun ist die Erfassung von Dingen etwas anderes als die Dinge selbst, aber man kann zumindest vertreten, dass es keinen Grund gibt anzunehmen, dass es bei all den anderen Stiftungsformen jenseits der rechtsfähigen Stiftung weniger dynamisch zugeht. Mit den definitiv erfassten Stiftungen kommt man auf eine gesicherte Ist-Zahl im Jahre 2004 von über 16.000 Stiftungen, ohne dabei irgendwelche Schätzungen über nicht erfasste Stiftungen anzustellen.

Aus der Untersuchung zu nicht rechtsfähigen Stiftungen in kommunaler Trägerschaft weiß das Maecenata Institut, dass in diesem Fall die Erfassungsquote bei 10 Prozent lag. Es gibt zwar Gründe anzunehmen, warum dies für die nicht rechtsfähigen Stiftungen in privater Trägerschaft etwas besser aussieht, aber mit Sicherheit bilden die 350 entsprechend zugeordneten Stiftungen eher nur einen kleinen Teil der Gesamtmenge ab. Je nach Charakter des Schätzenden wird man entsprechend 1.000 bis 2.000 Stiftungen hinzu addieren. Damit kommt man dann auf einen Wert zwischen 17.000 und 18.000 Stiftungen Ende 2004. Werden wie in den letzten Jahren 700 bis 800 Stiftungen jährlich neu errichtet, überschreitet man entsprechend im Jahr 2007 die Grenze von 20.000."[3]

Im Jahr 2005 wurden allein 880 rechtsfähige Stiftungen bürgerlichen Rechts, 2006 899 solcher Stiftungen errichtet. In der Datenbank des Maecenata Instituts entfallen 5 Prozent der Stiftungen, die 2005 und 2006 errichtet und dort erfasst wurden, auf Stiftungen in anderer Rechtsform. Zu den 1.779 rechtsfähigen Stiftungen wären entsprechend 89 weitere Stiftungen zu addieren. Damit läge der Bestand Ende 2006 in einem Korridor von 18.870 und 19.870 Stiftungen und, bei weiteren 950 Neuerrichtungen (900 rechtsfähige + 50 andere Stiftungen), bis Ende 2007 in einem Korridor von 19.820 und 20.820 Stiftungen.

Verfeinern lässt sich diese Analyse durch die Betrachtung langjähriger Trends. Dann lässt sich für die Zeit seit 1970 mindestens eine Verdopplung der Neuerrichtungszahlen pro Jahrzehnt feststellen. Im Durchschnitt 79 neue Stiftungen wurden pro Jahr in den 1970er Jahren, 158 in den 1980er Jahren und 347 in den 1990er Jahren errichtet.[4] Der Bundesverband Deutscher Stiftungen schätzt ausgehend von seinem Datenbestand die durchschnittliche jährliche Errichtungsrate für die 1990er Jahre auf 365 Neugründungen und für den Zeitraum 2000–2006 auf 814 Errichtungen im

---

3   Ebd., S. 107f.
4   Vgl. Sprengel, S. 104 und Statistisches Bundesamt (2004), S. 174. Letztere Angabe ermöglicht die Aktualisierung des Durchschnittswertes für die 1990er Jahre.

Jahr. Folgt man diesen Zahlen, dann stiegen die Neuerrichtungszahlen in den 1980er Jahren gegenüber dem Vorjahrzehnt schon um phantastische 100 Prozent und um 130 Prozent sowohl in den 1990er Jahren gegenüber den 1980er Jahren als auch in den letzten Jahren gegenüber den Werten aus den 90er Jahren.

Wichtig ist an diesen Zahlen, zunächst einmal anzuerkennen, dass es sich beim Stiftungswachstum um einen seit mehreren Jahrzehnten laufenden Vorgang handelt. Erstaunlich ist an diesem Befund, dass die Steuerrechtsreform im Jahr 2000 keinen nachhaltigen Steigerungseffekt hinterlassen hat, d.h. keine wirksame Dynamisierung der Steigerungsquote. Vor dem Jahr 2000 zeichnete sich das Jahrzehnt durch eine Steigerungsquote um 130 Prozent gegenüber dem Jahrzehnt davor aus, nach 2000 bleibt die Quote bei 130 Prozent. Tatsächlich weisen die Zahlen auch nur für die Jahre 2000 und 2001 einen überproportionalen Sprung auf, nämlich um jeweils 20 Prozent gegenüber dem Vorjahr. Die Jahre 2002 und 2003 liegen unterhalb des Jahres 2001, aber oberhalb des Jahres 2000. Betrachtet man diese Jahre in kurzfristiger Perspektive, erscheinen sie als zu dramatisierende ‚Rückschritte' oder ‚Stagnation'. Im langfristigen Trend betrachtet sind sie hingegen vollkommen normal und schreiben die seit 30 Jahren feststellbaren Steigerungsraten fort. Anormal waren dann nur die kurzfristigen zusätzlichen Sprünge in den Jahren 2000 und 2001.

Mit wenigen Ausnahmejahren stellt sich der Wachstumsprozess des Stiftungswesens rein quantitativ betrachtet als ein kontinuierlich anwachsender Vorgang dar.[5] Man kann, ja muss darauf insistieren, dass man es hier offenbar mit einer *sozialen Grundströmung* zu tun hat, einer aus Modernisierungs- und Bereicherungsvorgängen entstehenden *Philanthropisierung* des gesellschaftlichen Institutionengefüges im Rahmen der deutschen Nachkriegsdemokratie.

Neben dem Ausschlag nach oben bei den absoluten Errichtungszahlen ist in dieser lang anhaltenden, dreißig Jahre während Wachstumsperiode noch ein kurzfristiger Einbruch bemerkenswert, nämlich in den Jahren 1990 und 1991, als die Werte hinter denen der Vorjahre zurückblieben. In diesem Fall war es nicht eine Steuerrechtsreform, sondern ein historisch-politisches Großereignis in Form der Wiedervereinigung, das sich auswirkte. War das der Unsicherheit über den weiteren Verlauf der Dinge geschuldet? Oder machte sich hierbei bemerkbar, dass es für einen kurzen Augenblick so scheinen konnte, als ob mit dem Aufbau in Ostdeutschland und Osteuropa Business und Philanthropie ein und dasselbe seien? Oder gab es einfach genug anderes zu tun, als sich in diesen Jahren um die Gründung einer Stiftung zu kümmern? Für letzteres könnte sprechen, dass es im Jahr 1992 dann eine Steigerung um 50 Prozent gegenüber dem Vorjahr gab, was im Jahresvergleich die höchste Steigerungsrate von einem Jahr zum anderen ergibt.

Die Jahre 1990/ 1991 und 2000/ 2001 messen so auf unterschiedliche Art die Reichweite der Empfänglichkeit der evozierten sozialen Grundströmung für politische Interventionen, wobei sich die Grundströmung als nachhaltiger erweist als diese Stö-

5   Vgl. ebd., auch die ausführliche Diskussion in Sprengel, S. 104-113.

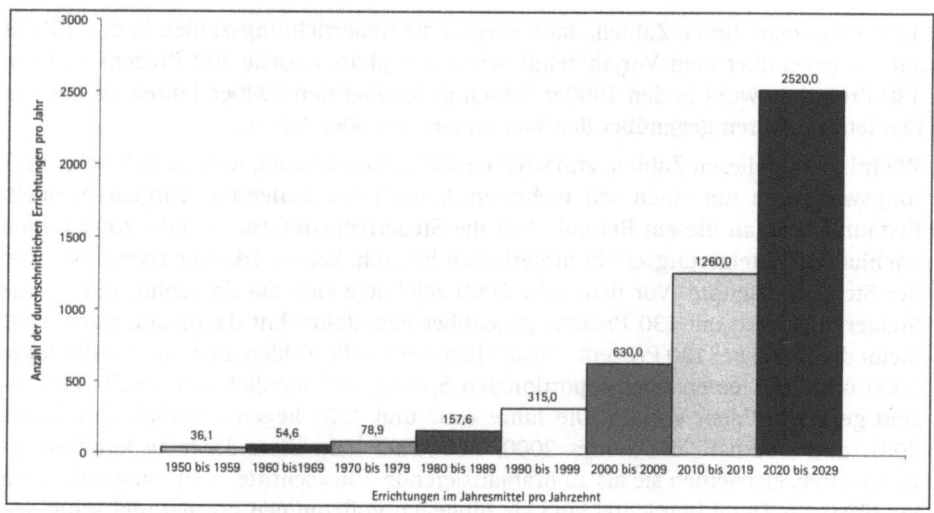

Grafik 12.1: Durchschnittliche Stiftungserrichtungen pro Jahr bis 1990 und Prognose aus der Perspektive des Jahres 1990

rungen. Diese Grundströmung führt nach Jahren mit zu niedrigen Neuerrichtungs-zahlen zu einer Berichtigung nach oben im Jahr 1992, und zu einer Berichtigung nach unten im Jahr 2002 nach zwei Jahren mit zu hohen Errichtungszahlen.

Den *Prozess der Philanthropisierung Deutschlands* kann man in die Zukunft fort-schreiben. Die Grafiken 12.1 und 12.2 präsentieren die entsprechenden Durch-schnittswerte für die Jahrzehnte der Bundesrepublik seit 1950 und erweitern sie um eine Fortschreibung der Zahlen bis 2029. Die Grafik 12.1 schreibt fort, wie die Er-richtungszahlen seit den 1990er Jahren ausgesehen hätten bzw. in Zukunft aussehen würden, wenn sich der Trend der 1980er Jahre fortgesetzt hätte. In den Jahren 2020 bis 2029 wären dann pro Jahr eindrucksvolle 2520 neue Stiftungen jährlich zu er-warten.

Die Grafik 12.2 hätte man Anfang der 1990er Jahre anfertigen können, verbunden mit einer Prognose für die 1990er Jahre und danach. Was hätte man zu dieser Zeit zur Prognose eines Wissenschaftlers gesagt, dass im Durchschnitt der Jahre 2000-2009 630 Stiftungen jährlich entstehen würden? Freundlich gesonnen hätte man ihn einen großen Optimisten genannt...

Nun liegen aber die Werte für die ersten sieben Jahre dieses Jahrtausends nicht bei 630 Neugründungen pro Jahr, sondern im Durchschnitt bei 814 Stiftungsgründungen. Die Grafik 12.2 schreibt die Zahlen bis 2029 insofern realistischer fort, indem die er-höhten Steigerungsraten seit den 1990er Jahre berücksichtigt werden. In diesem Fall würden im nächsten Jahrzehnt über 19.000 Stiftungen errichtet werden, also fast so viele wie aktuell existieren, und im Jahrzehnt darauf 44.000 Stiftungen.

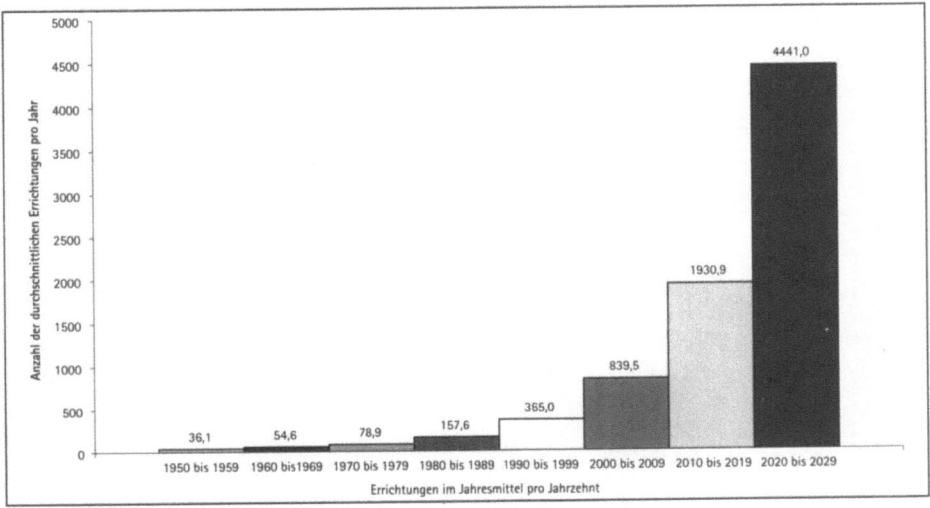

Grafik 12.2: Durchschnittliche Stiftungserrichtungen pro Jahr bis 2005 und Prognose aus der Perspektive des Jahres 2006

Diese Grafiken führen nicht nur die Dynamik der letzten Jahrzehnte durch ihre Verlängerung in die nahe Zukunft vor Augen, sondern sie machen auch bewusst, dass diese Dynamik irgendwann an natürliche Grenzen stoßen wird. Schreibt man die Trendvoraussage gedanklich fort, so müssten zwischen 2050 und 2059 über eine Million neue Stiftungen entstehen (und mit ihnen viele tausend Arbeitsplätze in den Stiftungsanerkennungs- und aufsichtsbehörden...). Am Anfang des nächsten Jahrhunderts gäbe es dann mehr Stiftungen als Bürger im Land und mehr Stiftungsaufsichtsbeamte, Stiftungsberater und Stiftungsfunktionäre als irgendeine andere Berufsgruppe – und beim Bundesverband Deutscher Stiftungen würden mehrere tausend Beschäftigte arbeiten!

An irgendeiner Stelle dieses Prozesses wird es erwartbar zu einer Abflachung der Neuerrichtungszahlen kommen. Wann dies sein wird, ist unklar. Wenn diese Kurve aber abflacht, sollte man nicht gleich alarmiert sein und beginnen, über das Ende der Philanthropie in unserem Land nachzudenken oder der Forderung nach Steuererleichterungen nachzugeben. Man muss insbesondere dann nicht alarmiert sein, wenn dies mit einer Phase einhergeht, in der sich ein zunehmender gesellschaftlicher und politischer Widerwillen gegen philanthropische Einrichtungen und Ansprüche äußert und organisiert. Im Moment ist dies noch nicht der Fall, d.h. die *Philanthropisierung des Institutionengefüges der Gesellschaft* geht weiter: vielleicht noch fünf Jahre, vielleicht auch noch 25 Jahre. Irgendwann ist das Optimum erreicht, das eine Gesellschaft verträgt, und die Segnungen der ‚toten Hand' hören für die Lebenden auf, ein Segen zu sein, und werden mehr und mehr zu einem Fluch. Das Ende des dynamischen Stiftungswachstums ist daher so sicher wie das Amen in der Kirche.

Karin Fleschutz

Die unternehmensverbundene Stiftung –
Strukturen und Bedeutung für das deutsche Stiftungswesen

Die Fortschritte, die im letzten Jahrzehnt hinsichtlich des statistischen Verständnisses des deutschen Stiftungswesens erreicht werden konnten, betreffen mehrheitlich das Stiftungswesen im Allgemeinen. Eine systematisierte Untersuchung bzw. Erhebung der Gesamtheit der unternehmensverbundenen Stiftungen (uv. Stiftungen) in Deutschland wurde jedoch nicht vorgenommen.[1] Im Rahmen einer betriebswirtschaftlichen Dissertation zur Stiftung als Nachfolgeinstrument für Familienunternehmen[2] konnten 420 unternehmensverbundene Stiftungen in Deutschland identifiziert werden.[3] Dies entspricht mehr als der doppelten Anzahl der in bisherigen Aufstellungen genannten Beispiele.[4,5] Gemeinsam mit dem Bundesverband Deutscher Stiftungen wurden die identifizierten unternehmensverbundenen Stiftungen auf ihre strukturellen Eigenschaften hin analysiert. Diese beiden Untersuchungen bilden die Basis der folgenden Beschreibung der uv. Stiftungen in Deutschland. Dabei wird die Motivation zur Gründung einer uv. Stiftung beleuchtet, Formen der uv. Stiftungen eingeführt, die Struktur der uv. Stiftung dargestellt und mit der Gesamtheit der Stiftungen verglichen sowie auf ihre Bedeutung für das deutsche Stiftungswesen eingegangen.

Vorab eine kurze Erklärung, was in diesem Kontext unter einer unternehmensverbundenen Stiftung verstanden wird: Unternehmensverbundene Stiftungen sind Stiftungen, die an einem Unternehmen Anteile halten bzw. Unternehmen, die in der Rechtsform der Stiftung geführt werden. Durch den Anteilsbesitz ist die Stiftung mit dem Unternehmen mehr oder weniger stark verbunden. Da auch bei kleineren Beteiligungen Abhängigkeits- und Beherrschungsverhältnisse bestehen können, spielt die Höhe der Beteiligung keine grundsätzliche Rolle. Neben dem Begriff der unternehmensverbundenen Stiftung wird eine Vielzahl weiterer Begriffe, wie unternehmensbezogene Stiftung oder Unternehmensstiftung für die Stiftung im unternehmerischen Bereich verwendet.

In der Regel steht die Gründung von uv. Stiftungen im Zusammenhang mit der Gestaltung der Unternehmensnachfolge. Eine Stiftungslösung ermöglicht es dem Unternehmer zumindest aus struktureller Sicht die Nachfolgethematik für das Unternehmen über den anstehenden Generationswechsel hinaus zu gestalten. Meist führen den Unternehmer vielschichtige Motive zur Wahl der Stiftung als Nachfolgelösung. Ihre Zusammensetzung und Gewichtung unterscheidet sich von Stifter zu Stifter. Inner-

---

1   Das Stiftungsverzeichnis des Bundesverbandes Deutscher Stiftungen erfasst nicht die Vermögensstruktur der Stiftungen. Eine vollständige Identifizierung der darin aufgeführten unternehmensverbundenen Stiftungen ist daher nicht möglich.
2   Die Dissertation gibt Handlungsempfehlungen für die Regelung der Nachfolge mittels einer Stiftungslösung. Dabei werden die Frage der strukturellen Ausgestaltung der Stiftungslösung und der Prozess der Überführung betrachtet.
3   Die Aufstellung wurde auf Basis von Eigentümerstrukturdatenbanken, Presseartikeln, Nachfragen bei den Stiftungsaufsichtsbehörden und Stiftungsexperten, sowie einer Aufstellung des Bundesverbandes Deutscher Stiftungen zu Vermögenswerten der Stiftungen und historischen Aufstellungen erstellt.
4   Aufstellungen finden sich u. a. bei Heuel (2000), der 187 uv. Stiftungen identifizierte bzw. Herrmann (1997), der 214 uv. Stiftungen zählte.
5   Selbst wenn die erzielte Aufstellung weitaus mehr Beispiele enthält als vergangene, soll kein Anspruch auf Vollständigkeit erhoben werden

halb der Motivstrukturen schließen sich wirtschaftliche und ideelle Motive nicht aus; sie können gleichzeitig verfolgt werden. So erklärte Kurt A. Körber

„Mit der Gründung der Hauni Stiftung verfolgte ich zwei Ziele: zum einen die Si- cherung der finanziellen Substanz des Unternehmens – heute der Unternehmens- gruppe – für die Zukunft und zum anderen die ständige Verpflichtung, einen Teil der Unternehmensgewinne für gesamtgesellschaftliche gemeinnützige Aufgaben zu verwenden."[6]

Aus der nachfolgenden Grafik ist die Bedeutung der einzelnen Motive für die Wahl der Stiftung als Nachfolgeinstrument ersichtlich. Die Sicherung der Unternehmens- kontinuität stellt das zentrale Motiv dar. Im Erhalt des Unternehmens als Ganzes und damit dem Verhindern einer möglichen Zerschlagung wird die zweithöchste Mo- tivation gesehen. Ideelle Gründe waren bei vier von fünf zugrundegelegten Fällen von zentraler Bedeutung für die Gründung der uv. Stiftung. Diese Beobachtung ent- kräftigt den immer wieder vorgebrachten Vorwurf des Missbrauchs der uv. Stiftung als alleiniges Instrument der Unternehmenssicherung. Entgegen der vorherrschenden

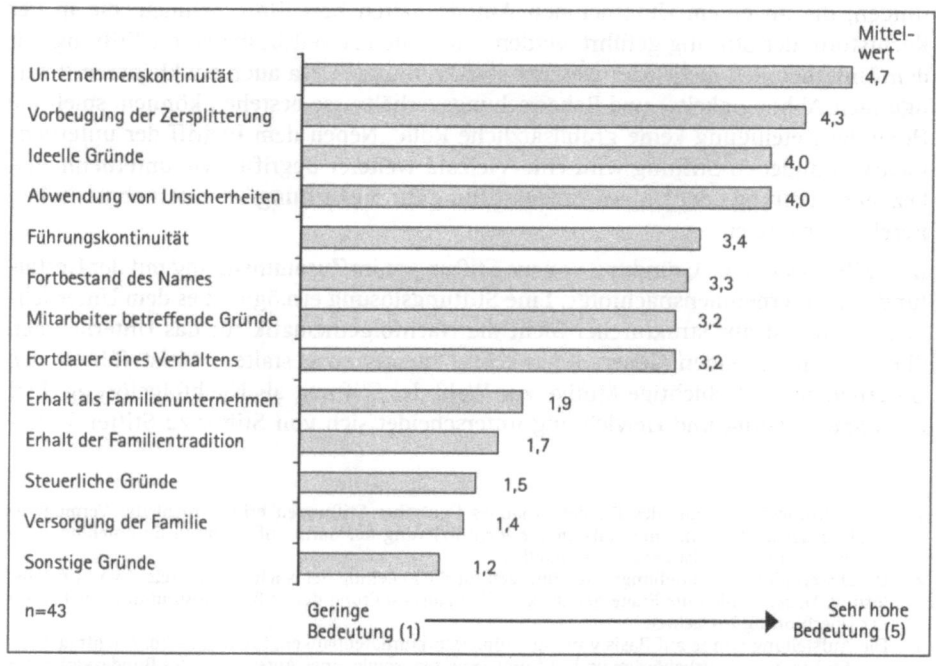

Grafik 13.1: Motive für die Wahl der Stiftung als Nachfolgelösung. Quelle: Fleschutz (2007): Stiftung als Nach-
        folgeinstrument (Dissertation)

6   Körber (1992), S. 210.

Meinung bei der deutschen Bevölkerung, spielen steuerliche Aspekte nur eine untergeordnete Rolle.[7]

Die Familie betreffende Motive spielen über die Gesamtheit der Gruppe hinweg eine relativ geringe Bedeutung; für einzelne Stiftungslösungen stellen sie jedoch das wesentliche Motiv dar. Mit Hilfe der Stiftungslösung kann der Stifter die zukünftige Rolle der Familie im Unternehmen ebenso wie in der Stiftung definieren. Dabei bietet sich ihm die Möglichkeit, das Unternehmen gänzlich dem familiären Einfluss zu entziehen oder aber mittels dieser Nachfolgelösung die Weichen so zu stellen, dass das Unternehmen dauerhaft als Familienunternehmen weitergeführt werden kann. In der Untersuchungsgruppe verfolgte jeder fünfte Unternehmer eben dieses Ziel - den Erhalt des Unternehmens als Familienunternehmen. Für jeden zehnten Unternehmer bestand in der Versorgung der Familie das wesentliche Ziel der Stiftungsgründung.

Bei der unternehmensverbundenen Stiftung unterscheidet man grundsätzlich zwei Formen, die unmittelbare und die mittelbare unternehmensverbundene Stiftung. Bei der unmittelbaren uv. Stiftung, auch Unternehmensträgerstiftung genannt, bilden Unternehmen und Stiftung eine rechtliche Einheit. Sie findet in der Praxis jedoch so gut wie keine Anwendung mehr.[8] Bei der mittelbaren uv. Stiftung, die häufig auch Beteiligungsträgerstiftung genannt wird, hält die Stiftung eine Beteiligung an mindestens einem Unternehmen. Dabei kann die Stiftung entweder die alleinige Eigentümerin des Unternehmens (47 Prozent der untersuchten Beispiele) oder Mehrheits-/ Minderheitsaktionär (30 Prozent) sein. Ferner können zwei oder mehr rechtlich getrennte Stiftungen als Eigentümer eingesetzt werden. Diese in der Praxis immer wieder anzutreffende Form (14 Prozent) der uv. Stiftung wird Doppelstiftung genannt. Häufig ist neben einer gemeinnützigen Stiftung eine privatnützige Stiftung bzw. Familienstiftung beteiligt. Die Doppelstiftung ermöglicht es dem Stifter zwei Zielsetzungen in einer Stiftungslösung zu verfolgen und mittels einer Verschiebung von Stimmrechten und Kapitalanteilen zugleich den gemeinnützigen Bereich vom unternehmerischen zu trennen.

---

7   Vgl. Emnid Umfrage in Schormann/Bertelsmann Stiftung (2005).
8   Lediglich 2 Prozent der untersuchten Beispiele sind Unternehmensträgerstiftungen. Die letzte bedeutende unmittelbare uv. Stiftung in Deutschland ist mit der Umwandlung der Carl-Zeiss-Stiftung 2004 in eine mittelbare uv. Stiftung verschwunden.

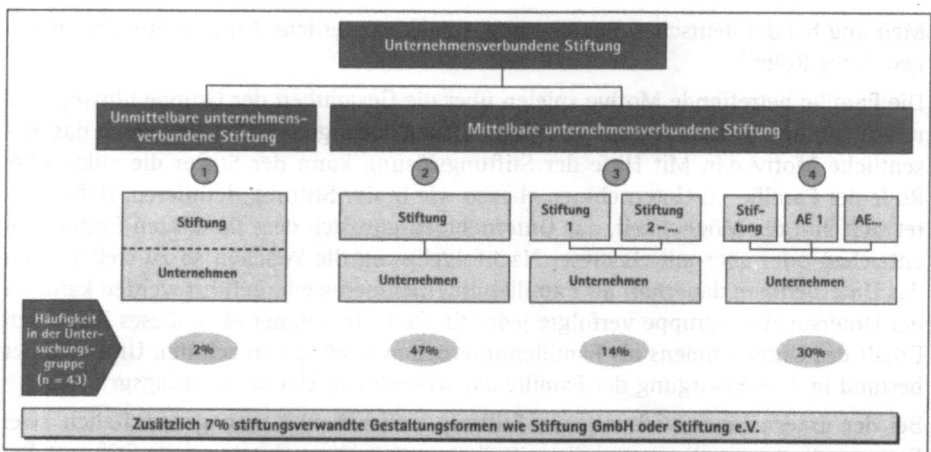

Grafik 13.2: Formen der unternehmensverbundenen Stiftung. Quelle: Fleschutz (2007): Stiftung als Nachfolgeinstrument (Dissertation)

Betrachtet man die Rechtsformen der unternehmensverbundenen Stiftungen so ergibt
sich das folgende Bild: Die Mehrheit der uv. Stiftungen sind rechtfähige Stiftungen
(90 Prozent), mit der rechtsfähigen Stiftung des bürgerlichen Rechts als dominierende Form (83 Prozent). Lediglich 3 Prozent der uv. Stiftungen sind nicht rechtsfähige
Stiftungen. In Ersatzformen, wie der Stiftung g(GmbH) oder der Stiftung e.V. wurden
7 Prozent der uv. Stiftungen gegründet. Stiftungen des öffentlichen Rechts spielen mit
5 Prozent lediglich eine untergeordnete Rolle, ebenso wie kirchliche Stiftungen (3 Prozent). Im Vergleich zur Gesamtheit der deutschen Stiftungen fällt insbesondere die höhere Bedeutung der rechtsfähigen Stiftung sowie der Stiftungsersatzformen auf.

Untersucht man die Zwecksetzungen der uv. Stiftungen, so zeigt sich, dass die Mehrheit der uv. Stiftungen (85 Prozent) gemeinnützige Zwecke verfolgt. In weiterer
6 Prozent ist die Zwecksetzung der uv. Stiftungen nicht ausschließlich gemeinnützig.
Sie bedenken im zulässigen Rahmen zudem privatnützige Zwecke. Rein privatnützige
Zwecke werden von den verbleibenden 9 Prozent der Stiftungen verfolgt. Dabei sind
75 Prozent der privatnützigen uv. Stiftungen Familienstiftungen. Der Anteil der privatnützigen Stiftungen ist damit bei den uv. Stiftungen höher als bei der Gesamtheit der
Stiftungen (6 Prozent). Dieser Unterschied findet seinen Ursprung in der Verwendung
der uv. Stiftung als Nachfolgeinstrument insbesondere bei Familienunternehmen sowie in den zuvor angesprochenen familienbezogenen Motiven.

Die unternehmensverbundenen Stiftungen haben in den letzten Jahren, ebenso wie
das Stiftungswesen im Allgemeinen, einen Wachstumsschub erfahren. Jede vierte
bekannte unternehmensverbundene Stiftung wurde in den vergangenen zehn Jahren gegründet. Auch die StifterStudie (2005) der Bertelsmann Stiftung bestätigt ihre
zunehmende Bedeutung: 7 Prozent der befragten Stifter gaben an, ihre Stiftung als

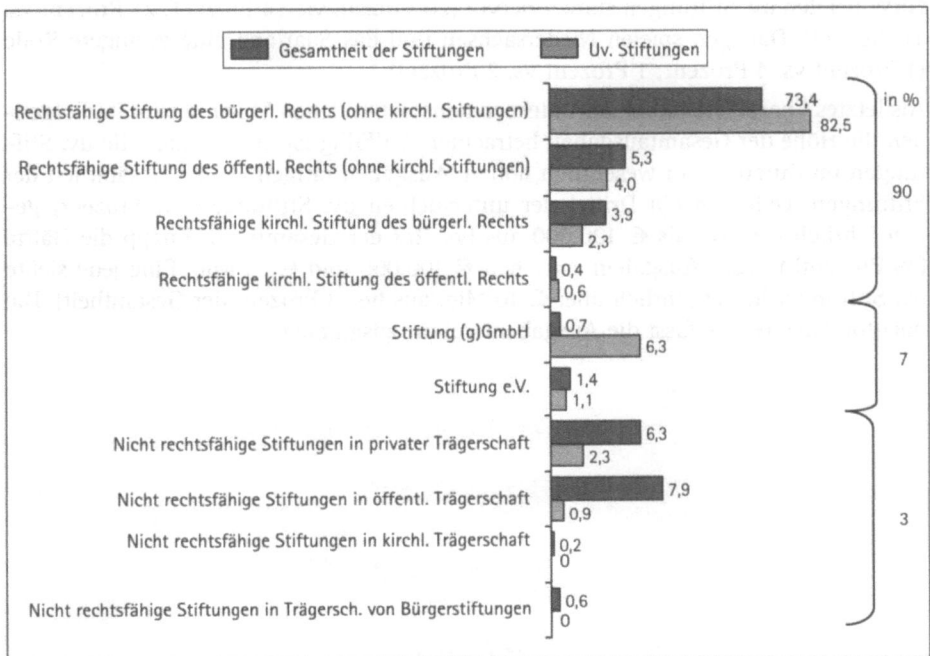

Grafik 13.3: Rechtsformen der uv. Stiftungen (im Vgl. zur Gesamtheit). Quelle: Untersuchung Bundesverband
Deutscher Stiftungen/Fleschutz (2006)

Instrument der Nachfolgeregelung für ein Unternehmen gegründet zu haben.[9] Seit
mehr als 100 Jahren besteht bereits jede zehnte unternehmensverbundene Stiftung.
Insgesamt sind 42 Prozent der bekannten uv. Stiftungen älter als 30 Jahre. Diese
Altersstruktur der uv. Stiftungen bestätigt die Nachhaltigkeit der Nachfolgeregelung,
die mittels der Stiftungslösung in diesen Fällen erzielt wurde. Verglichen mit der
Gesamtheit der deutschen Stiftungen lässt sich bei den uv. Stiftungen eine ähnliche
Altersverteilung feststellen.

Die dominierende Mehrheit der uv. Stiftungen (96 Prozent) ist in den alten Bundesländern angesiedelt. Diese Beobachtung überrascht den Unternehmenskontext
der uv. Stiftung sowie die historische Entwicklung des Unternehmertums und des
Stiftungswesens bedenkend, nicht. Die in den neuen Bundesländern anzutreffenden
uv. Stiftungen wurden großteils seit der Wiedervereinigung gegründet. Die größten Häufungen der uv. Stiftung sind in Baden-Württemberg (20 Prozent), Bayern
(20 Prozent) und NRW (21 Prozent) anzutreffen. Die restlichen 35 Prozent der uv.
Stiftungen verteilen sich auf die weiteren acht westdeutschen Bundesländer. Im Vergleich zur Gesamtheit der Stiftungen treten insbesondere Baden-Württemberg und

9   Vgl. Timmer (2005), S. 6.

NRW bei den uv. Stiftungen stärker hervor (20 Prozent vs. 14 Prozent; 21 Prozent vs. 11 Prozent). Dagegen spielen Niedersachsen und das Saarland eine geringere Rolle (1 Prozent vs. 4 Prozent; 1 Prozent vs. 2 Prozent).

Als letztes Charakteristikum der unternehmensverbundenen Stiftung wird im Folgenden die Höhe der Gesamtausgaben betrachtet. Auffällig ist hierbei, dass die uv. Stiftungen im Durchschnitt wesentlich höhere Ausgaben tätigen als die Gesamtheit der Stiftungen. Lediglich ein Drittel der untersuchten uv. Stiftungen (36 Prozent) geben jährlich weniger als € 100.000 aus (vs. 2/3 der Gesamtheit). Knapp die Hälfte (49 Prozent) tätigen Ausgaben zwischen € 100.000 und € 10 Mio. Eine jede siebte uv. Stiftung schüttet jährlich über € 10 Mio. aus (vs. 3 Prozent der Gesamtheit). Die nachfolgende Grafik fasst die Ausgabenstruktur zusammen:

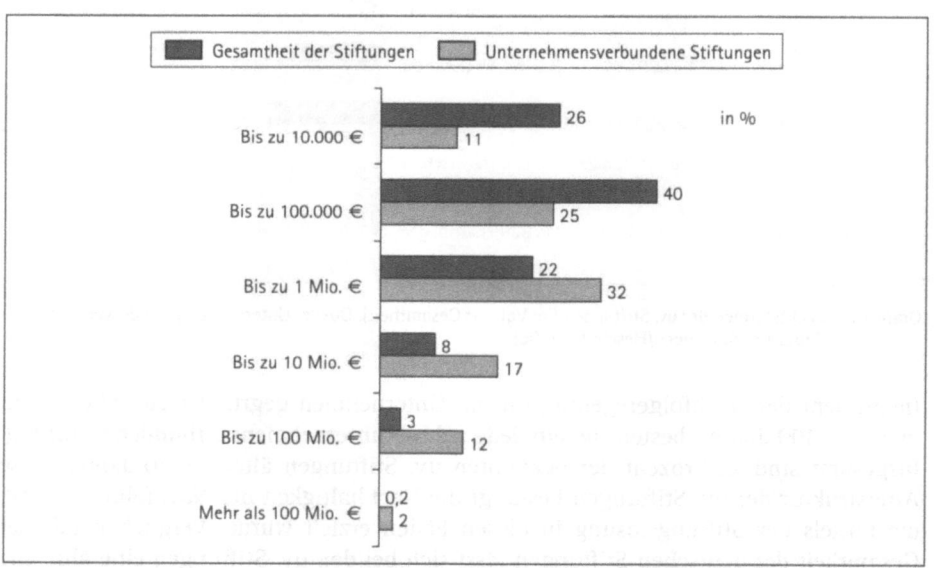

Grafik 13.4: Rechtsformen der uv. Stiftungen (im Vgl. zur Gesamtheit). Quelle: Untersuchung Bundesverband
Deutscher Stiftungen/Fleschutz (2006)

Die unternehmensverbundene Stiftung spielt – trotz ihrer relativ geringen absoluten Anzahl von ~420 Stiftungen – eine wesentliche Bedeutung für das Stiftungswesen. So sind 10 der 15 größten Stiftungen (nach Vermögen) unternehmensverbundene Stiftungen sowie eine weitere Stiftung, die ZEIT-Stiftung, begründete ihr Vermögen ebenfalls in Unternehmensanteilen.[10] Ferner steigt ihre relative Bedeutung durch die bereits angesprochenen, im Durchschnitt wesentlich höheren jährlichen Gesamtausgaben.

---

10 Vgl. Bundesverband Deutscher Stiftungen (2006), S. 1.

Zudem kommt den unternehmensverbundenen Stiftungen über die von Ihnen gehaltenen Unternehmensbeteiligungen eine weitere wirtschaftliche bzw. volkswirtschaftliche Bedeutung zu. Die stiftungsgetragenen Unternehmen nehmen, ebenso wie die uv. Stiftungen, eine wichtigere Rolle ein als auf Basis ihrer absoluten Anzahl zu vermuten wäre. So finden sich unter den 100 größten deutschen Industrieunternehmen 20 stiftungsgetragene Unternehmen sowie unter den 100 größten Handelsunternehmen weitere 16.[11] Verglichen mit vorhergehenden Untersuchungen ist die Anzahl der großen stiftungsgetragenen Unternehmen von damals 9 Prozent bzw. 11 Prozent auf heute 16 Prozent über alle Kategorien hinweg angestiegen.[12] Auch unter den größten Arbeitgebern in Deutschland sind die stiftungsgetragenen Unternehmen stark vertreten: Sie stellen knapp ein Viertel der 30 größten Arbeitgeber dar. Ferner finden sich zehn stiftungsgetragene Unternehmen unter den 100 größten deutschen Unternehmen nach Börsenkapitalisierung wieder.

Für die Zukunft wird erwartet, dass die Anzahl der unternehmensverbundenen Stiftungen in Deutschland weiter ansteigen wird. Das Institut für Mittelstandsforschung Bonn erwartet im Zeitraum von 2005-2009 bei jedem fünften deutschen Familienunternehmen eine Nachfolge.[13] Die intensivere öffentliche Diskussion der Stiftung als Nachfolgeinstrument sowie eine steigende Sensitivität der Unternehmer für diese Nachfolgelösung werden als Auslöser für weitere Gründungen von uv. Stiftungen ebenso angesehen wie die zunehmende Förderung dieser Nachfolgelösung durch Berater, die die Unternehmer in diesem Sinne beeinflussen.

Bundesverband Deutscher Stiftungen (2006): Die größten Stiftungen, Bundesverband Deutscher Stiftungen, Berlin.

Giersberg, G. (2005): Die 100 größten Unternehmen, FAZ - Sonderbeilage, 5. Juli 2005, S. U1-10.

Herrmann, M. (1997): Unternehmenskontrolle durch Stiftungen. Untersuchung der Performancewirkungen, Wiesbaden, Gabler.

Heuel, M. (2000): Die Entwicklung der Unternehmensträgerstiftung in Deutschland, Baden-Baden, Nomos.

Körber, K. A. (1992): Das Profit-Programm. Ein Unternehmer geht stiften, Hamburg, Hoffmann und Campe.

Schormann, J.; Bertelsmann Stiftung (2005): Stiftungen boomen im Verborgenen, http://idw-online.de/pages/de/news105707, Abruf: 03.09.2006.

Timmer, K. (2005): Stiften in Deutschland - Die Ergebnisse der StifterStudie, Gütersloh, Bertelsmann Stiftung.

Vinken, H. (1970): Die Stiftung als Trägerin von Unternehmen und Unternehmensteilen, Schriftenreihe zum Stifungswesen, Baden-Baden, Nomos.

---

11 Aufbauend auf der Aufstellung der größten deutschen Unternehmen nach Giersberg (2005), S. U1, U2 und U6.
12 Vgl. Vinken (1970), S. 50 und Herrmann (1997), S. 7.
13 Vgl. Freund (2004), S. 66-69. Die Berechnung gilt für Unternehmen mit einem Umsatz > 50 000 €.

Autoren

Dr. Rainer Sprengel, Sozialwissenschaftler, geboren 1960. Studium der Soziologie, Politologie, Romanistik und Pädagogik in Nancy und Hannover. 1990–1992 Stipendiat der Konrad-Adenauer-Stiftung. 1993–1995 Referent an der Niedersächsichen Landesbibliothek. Promotion im Jahr 1994 an der Universität Hannover bei Prof. Oskar Negt zum politischen Raumbegriff. 1996-1997 Wissenschaftlicher Mitarbeiter an der Universität Paris-X-Nanterre (Marie-Curie-Fellowship). Seit November 1998 Wissenschaftlicher Mitarbeiter am Maecenata Institut in Berlin mit den Themen- und Publikationsschwerpunkten Stiftungswesen, Zivilgesellschaft und Soziologie der Nonprofit-Organisation. Seit 2003 Stellvertretender Direktor des Maecenata Instituts für Philanthropie und Zivilgesellschaft an der Humboldt-Universität zu Berlin. 2006–2007 Wissenschaftlicher Mitarbeiter des Verbundes Öffentlicher Bibliotheken Berlins. Seit 1. 10. 2007 Wissenschafrtlicher Mitarbeiter am Internationalen Graduieretenkolleg „Formwandel der Bürgergesellschaft – Deutschland und Japan im Vergleich" der Martin-Luther-Universität Halle-Wittenberg.

Dr. Karin Fleschutz, Betriebswirtin, geboren 1977. Studium an der School of International Business, Reutlingen sowie MBA an der EGADE, Tec de Monterrey, Mexiko. Stipendiatin der Friedrich-Naumann Stiftung. Promotion über die Stiftung als Nachfolgeinstrument für Familienunternehmen am Institut für Mittelstandsökonomie an der Universität Trier. Projektleiterin bei der internationalen Strategieberatung The Boston Consulting Group.

Thomas Ebermann, Dipl. Kfm (FH); geboren 1979 Studium des Public Management an der Fachhochschule für Technik und Wirtschaft Berlin und der Fachhochschule für Verwaltung und Rechtspflege Berlin. Seit 2004 Wissenschaftlicher Mitarbeiter im Maecenata Institut für Philanthropie und Zivilgesellschaft an der Humboldt-Universität zu Berlin. Schwerpunkt ist dabei die Bearbeitung verschiedenen Publikationen z. B. ‚Maecenata Stiftungsführer 2005', ‚Arbeitsheft Visions and Roles of Foundations in Europe' oder ‚Stiftungen in Theorie, Recht und Praxis – Handbuch für ein modernes Stiftungswesen'.

Bei Fragen zur Produktsicherheit wenden Sie sich bitte an:
If you have any questions regarding product safety,
please contact:

Walter de Gruyter GmbH
Genthiner Straße 13
10785 Berlin
productsafety@degruyterbrill.com